孔子 / 鲁班 / 墨子 / 孟子 / 扁鹊
司马迁 / 张衡 / 华佗 / 诸葛亮 / 王
羲之 / 祖冲之 / 郦道元 / 李白 / 杜
甫 / 司马光 / 苏轼 / 岳飞 / 文天祥
郑和 / 王冕 / 唐伯虎 / 吴承恩 / 李
时珍 / 戚继光 / 徐光启 / 冯梦龙
徐霞客 / 宋应星 / 李自成 / 石涛
郑板桥 / 林则徐 / 张振勋 / 康有为
詹天佑 / 齐白石 / 孙中山 / 鲁迅
冯如 / 李四光 / 竺可桢 / 阿炳 / 徐
悲鸿 / 茅以升 / 朱光潜 / 老舍 / 沈
从文 / 高士其 / 冼星海 / 傅雷 / 华
罗庚 / 钱钟书 / 聂耳 / 吴健雄 / 赵
丹 / 贝聿铭 / 杨振宁 / 金庸 / 邓稼
先 / 李政道 / 李嘉诚 / 袁隆平 / 丁
肇中 / 崔琦 / 成龙 / 张海迪 / 李连
哲 / 李宁 / 杨利伟 / 邓亚萍

[中国卷]

一生的一件小事

每一个名人都曾经是一个孩子

每一个孩子日后都可能成为一个名人

用名人的事迹来激励孩子

远胜于一切教育

江风◎编著

中国青年出版社

目　录

孔子：
母亲教给他文明举止

有一次，孔丘与另一个孩子相互间拉拉扯扯，母亲看见了，当即制止了儿子。她要求儿子举止要文明、不说粗话，不做粗鲁的游戏，做一个规规矩矩的孩子。从此，当别的孩子在大街上追鸡逐狗，在树林草丛捉虫捕蝉时，孔丘玩的是祭拜的游戏。正是母亲的言传身教，才使孔丘从小就知书达理，具备了成为圣人贤士的最基本素质。

Kong Zi

[学而时习之，不亦乐乎。——孔子]

孔子（前551~前479），名丘，字仲尼，山东曲阜人。春秋后期思想家、教育家，儒家学派的创立者，中国传统伦理的奠基人。

孔丘的父亲是一个力大无比的武官。3岁时，他的父亲去世了，父亲的前两个妻子和子女把他们母子赶出家门。母亲带着他回到曲阜阙里的娘家。

孔丘和母亲来到曲阜时，正是周围各诸侯国大兴周礼的年代，因为鲁国懂得周朝礼乐最多，各国纷纷派人到鲁国取经。贵宾来临，就会隆重接待，场面非常热闹。孔丘住在城里，见得多了，对礼乐产生了特别的爱好。

孔丘的母亲是位贤良的女人，她把全部的心血都倾注在了儿子的身上。有一次，孔丘与另一个孩子相互间拉拉扯扯，母亲看见了，当即制止了儿子。她要求儿子举止要文明、不说粗话，不做粗鲁的游戏，做一个规规矩矩的孩子。从此，当别的孩子在大街上追鸡逐狗，在树林草丛捉虫捕蝉时，孔丘玩的是祭拜的游戏。他模仿贵族们祭祀时的大礼，把祭祀用的器物，按照礼数摆放得整整齐齐，还分出等级。摆好后，就练习磕头行礼……

正是母亲的言传身教，才使孔丘从小就知书达理，具备了成为圣人贤士的最基本素质。

有一年的秋天，乌云滚滚，寒风飕飕，落叶从树上纷纷飘下来，随风翻飞。这时，年少的孔丘正聚精会神地在窗下读书，由于天气太冷，他又穿着单薄的衣服，不时地搓着手。坐在一旁的母亲心疼地说："孩子，歇一会儿吧！"

"好啊！"孔丘答应着站起身，拿起放在桌旁的俎豆（当时行礼用的器具），不声不响地出了屋门。

母亲忙说："孩子，外面风大，天又这么冷，眼看就要下雨了，你不要到院子里去玩了吧。"

孔丘一脸正色地回答："不是啊，母亲，我这是在祭祀神灵，行大礼呢！"

"你行大礼干什么呢？"母亲问他。

"如果我现在不学好礼仪，长大就不知道怎样做人了。"

母亲听了孔丘的话，惊讶得说不出话来。见儿子将自己的话牢牢地记在了心上，母亲别提有多欣慰了。

那时候，要进入上层社会，必须学会六艺，即礼、乐、射、御、书、数。礼，就是周礼；乐，就是周朝的音乐和乐器；射，是指射箭技能；御，是指驾驭马车的技能；书，是会写字做文章；数，是会计算。孔丘天资聪颖、善于思考，他谨遵母亲的教诲，努力做一个正人君子。此时的孔丘，胸中有丘壑，他希望能一展自己的抱负。

为此，他曾向老聃学习周礼，向苌弘学习乐谱，他还向鲁国乐官师襄子学琴艺。一次，孔丘弹一支曲子，他一连弹奏了十多天也不调换。师襄子建议他换个曲子，孔丘说："我已经熟悉这支曲子了，但还没有领悟它的技术。"过了些时候，师襄子说："您已经掌握了弹奏这支乐曲的技术，可以弹别的了。"孔丘说："我还没有领悟它的用意。"又过了一段日子，孔丘仍在弹那支曲子，师襄子不耐烦地说："您已经了解它的用意，可以换换曲子了。"孔丘说："我还没有领悟它描写的人物形象呢。"又过了一些时候，孔丘终于停下不弹了，他默然有所思，向远处眺望，说："我可能领悟到了，这人又高又大、皮肤很黑，眼睛向上看，好像要统一四方，好像是周文王吧！"师襄子听了非常震惊，说："这支曲子就叫做《文王操》啊！"

孔丘孜孜不倦地在求学道路上探索和进取，他向名人学，也向平民百姓学习。他没有辜负母亲对自己的殷切期望。

三十而立的孔丘办起了私学，招收了很多学生，据说前后大概有3000多人。孔子招学生不分贵贱，所以入学的学生有贵族子弟，也有平民子弟，有鲁国境内的青年，还有鲁国以外的学子。孔子培养学生有一套独特的方法，循循善诱。孔丘对待这些学生，就像当年母亲对待他一样，特别注重对学生的人格教育。事实证明，孔丘施教有方，他的学生中，精通六艺的得意门生就有72人。这些学生都成了远近闻名的贤德君子。

作为儒家学说的创始人，可以说，孔子受到了母亲极大的影响，他的学术以礼仪为规范，以仁爱为根本，培养出的是品学兼优的道德君子，这跟母亲当年教育他时的初衷是一致的。

孔子在教育上是成功的，但在仕途上却屡屡碰壁。他曾出任过鲁国的司寇，但终因得罪国君而丢了官，他伤心地带着学生离开了鲁国。

公元前498年，为能寻到一块实现自己抱负的乐土，孔子开始周游列国。期望能遇到一个贤明的国君，以便施展自己的才华。但是他的满腔学问和治国主张，没有人感兴趣，用他自己的话来说，犹如丧家之犬，受到驱逐。他游历了整整14年，历经磨难，仍无结果，只得返回鲁国，这时他已68岁了。

晚年，他整理《诗》、《书》，并编撰了一部名叫《春秋》的编年体史书。

公元前479年的初春，孔子病倒了。一天清晨，他拄着拐杖，站在门口低声唱道："泰山要倒，梁柱要断，哲人也像草木一样，要枯，要烂啊！"

他的学生见后赶快扶他上了床。从这一天起孔子不发一言，不进水米，7天后他离开了人世。

孔子死后，他的弟子将他的言论编成了一部名叫《论语》的著作。在接下来的几千年里，他的思想得到了广泛流传并且牢牢地主宰了中国人的生活。

成长启迪：

父母是孩子的第一启蒙老师，良好的家庭教育会让孩子受益一生。孔子正是在母亲严格的教育下，从小养成了文明的好习惯，并最终成为著名的思想家、教育家。

鲁班：
一把野草的新发现

有一次，鲁班和大家一起上山砍伐树木。他不小心抓了一把野草，却一下子把手划破了。鲁班很奇怪，一棵小草为什么这样锋利？他摘下一片叶子细心观察，发现叶子两边是齿状的，用手轻轻一摸，这些小细齿非常锋利。他明白了，他的手就是被这些小细齿划破的。这件事给鲁班很大启发。他立即下山，制作了带有小齿的铁片，一试验，锯起树木来又快又省力，锯就这样发明了。

Lu Ban

[不下苦功夫，什么也学不成。——鲁班]

鲁班（前507~前444），山东人。我国古代优秀的手工业工匠和杰出发明家。两千多年以来，他一直被土木工匠们尊为“祖师”，受到后人的崇拜。

鲁班家祖辈都是工匠，家庭的熏陶，使他从小就喜欢上机械制造、手工工艺，他年纪虽小，可是特别喜欢动脑筋，他仔细观察师傅们的操作技巧和工具，对别人习以为常的笨重工具，他暗自琢磨进行改进。

有一次，鲁班和大家一起上山砍伐树木。他不小心抓了一把野草，却一下子把手划破了。鲁班很奇怪，一棵小草为什么这样锋利？他摘下一片叶子细心观察，发现叶子两边是齿状的，用手轻轻一摸，这些小细齿非常锋利。他明白了，他的手就是被这些小细齿划破的。

这件事给鲁班很大启发。他立即下山，制作了带有小齿的铁片，一试验，锯起树木来又快又省力，锯就这样发明了。

锯的发明给了鲁班莫大的信心，大大启发了他的思维，他仿佛打开了发明创造的“水龙头”，从此一发而不可收拾。从那以后，他更加相信自己，一边努力提高自己的手艺，一边琢磨改良旧的、落后的工具，渐渐成为了土木工匠们的“祖师”。

那时候，人们吃面粉是把麦子放在石臼里，用沉重的石杵去捣。因为麦粒是椭圆形的，用劲小了，砸不碎；劲大了，麦粒就蹦出来了。捣麦的人累得满头大汗，才捣碎一点。鲁班觉得这活儿太累人了，得想办法改进。

有一次，他看到一个老太太，举不动石杵了，就用石杵研麦粒，也可以把麦粒研成面粉。这给鲁班很大启发。他找来石料，凿成两个大圆盘，又在每个圆盘的一面凿出一道道槽。邻居们都很奇怪，鲁班做的是什么呢？大家都围过来看。只见鲁班把两个圆盘摞在一起，凿槽的两面相合，上面的圆盘安上木把，中心还装了个轴。他在圆盘中间放上麦粒，然后转动上面的石盘，麦粒很快就磨成了面粉。邻居都来试着转转，果然又省力气，效率又高。

传说鲁班还发明了许多木工器械，比如曲尺、墨斗、刨子、钻子，以及凿子、铲子等工具。这些木工工具的发明，使当时的工匠们从原始繁重的劳动中解放出来，劳动效率成倍提高，土木工艺出现了崭新的面貌。

成长启迪：

鲁班虽说出身工匠世家，对手工制造有得天独厚的条件，但是如果他平时不留心观察生活，不开动脑筋刻苦钻研，他同样不会有所作为。联想到现在的一些家庭，孩子的学习和生活条件都相当不错，但这些孩子却不一定能成才，究其原因，还是在于这些孩子不懂得珍惜生活，没有学习钻研的内在动力。

鲁班还是制作兵器的好手，他发明了攻城用的“云梯”等，在战争中发挥了较大作用。由于鲁班的发明创造都是来自于生活中的实际需求，又直接应用于生活，所以使他受到同时代及后世的敬爱和景仰。木工、瓦工、石工都奉他为“祖师”，在各地为他立庙祭祀。

后代人一直认为，是一把野草造就了鲁班，这个故事也一直流传至今。

墨子：老师的一句话让他受益一生

老师说："做人的道理和染丝一模一样，所不同的是，丝是被人放进染料的，如何做人则完全是自己作出选择啊。"老师的这句话给了他很深的印象，从此他更加严格要求自己了。甚至当他后来成为思想家收了门徒后，他也经常用这个例子来教导自己的学生。

Mo Zi

[志不强者智不达，言不信者行不果。——墨子]

墨子（约前468年～前376年），鲁国人（今山东邹县），名翟，战国时期著名的思想家。

墨翟出生在鲁国一个没落的贵族家庭。墨翟的父亲勤劳而俭朴，他很小就教育墨翟要勤俭节约，不要铺张浪费。有一次，吃晚饭的时候，墨翟给自己盛了很多的米，结果他没有全部吃完，父亲于是教训他说：

“你应当从小就要学会俭朴，要时刻要求自己做到量腹而食，度身而衣。”

墨翟很惭愧地说：“我知道了，我一定会做到的。”

从此墨翟就时刻要求自己生活俭朴，这成为了他后来思想的一个组成部分。

墨翟很小的时候就接受了儒家的教育，老师教他六艺：礼、乐、射、御、书、数，而墨翟对后四项尤其感兴趣。因为这几项能够促进人的动手能力。墨翟的老师也很着重培养墨翟的这方面的能力，他经常带墨翟去参观工匠们的作坊。有一次他带墨翟去了染布坊，他让墨翟观察布匹是怎样染成的。墨翟对工匠们的劳作很感兴趣，当他看得聚精会神时，他的老师说：

“看到了吧，这些丝绢本来都是雪白雪白的，把它们放进黑色的染料中，就变成了黑的；把它们放在了黄色的染料中，就变成了黄色的。”

墨翟说：“丝会跟着染料的颜色来变化，是这样的吗？”

老师说：“是啊，做人的道理和染丝一模一样，所不同的是，丝是被人放进染料的，如何做人则完全是自己作出选择啊。”

老师的这句话给了他很深的印象，从此他更加严格要求自己了。不论在什么环境下，他都能保证自己出淤泥而不染，甚至当他后来成为思想家收了门徒后，他也经常用这个例子来教导自己的学生。

墨子博览群书，尤其喜欢看春秋列国中的人物故事，像伊尹、勾践就是他很喜欢的人物。后来他的一个学生不解地问：“伊尹以前是做奴仆的，您怎么会喜欢他呢？”

墨翟说：“人都是平等的，一个人不管是平民还是奴隶都应当有做官的机会。伊尹虽然做过奴仆，但他的才能早已超过了一般的公卿啊。”

墨翟一生都非常喜欢看书，30多岁时，他开始四处云游。当他南游到卫国的时候，车中带了很多的书籍，他的学生弦唐子问他说：

“先生出门为什么要带这么多书呢？”

墨翟说：“过去周公当政时，日理万机，每天早晨还要读很多书籍，晚上还要接见很多读书人。我现在没有什么公务在身，怎么敢不读书呢？”

墨翟除了学识渊博，思想深刻，还非常精通于机械制造。他曾经做了一只会飞的木鹰，在天上飞了三天三夜还没有掉下来。人们赞叹他的手艺高超时，墨翟说：

“这不算什么，我还有更绝的，没表现出来呢。”

墨翟的一生都在行动中，他除了参与日常的劳作和手工制作，他还四处推行他的思想。墨翟提倡兼爱，很多人反对他的这一主张，有个叫巫马子的人对墨翟说：

“你倡导兼爱思想，并没有使人得到实惠；我主张不爱别人，也没有给人们造成危害。这不是一样的吗？你为什么要自以为是地攻击我呢？”

墨翟说：“有个地方失了火，一个人主张取水要浇灭它，一个人却主张拿来柴火想使它着得更旺。虽然两个人一时并没有付诸于实际行动，造成的影响却不一样的。”

墨翟主张“非攻”，反对战争，当他听说鲁班为楚国做云梯，准备攻打别的国家时，他就去拜见鲁班说：

“我特意来请你杀掉一个侮辱我的人。”

鲁班生气地说：“我为人慈善，怎么会帮你杀人呢？”

墨翟说：“你在为楚国的军队做云梯、战车、攻城武器，让楚军攻城略地，杀害其他国家的人民，这岂不是比杀一个人更严重吗？”

鲁班明白了，表示不再为楚军做事了。墨翟除了制止战争还四处推广他的学说。有一次，他去宋国，宋王问墨翟，“你认为现在危害最大的是什么？”

墨翟说：“国家之间相互征战，家庭之间相互不和，人与人之间相互欺诈。”

宋王说：“怎样才能解决这些问题呢？”

墨翟说：“要实行教育，让大家认清共同的利益，兼相爱，勿相害。”

成长启迪：

做人如染丝，老师的这个比喻形象而又贴切，难怪会让墨子一生难忘。墨子不仅自己严格要求自己，同时做了老师的他还要求自己的学生牢记这句话。一句话可以影响一个人的一生，而墨子老师的话影响了许多人的一生。

宋王说：“你还能讲得更具体一些吗？”

墨翟说：“有力量的要以力帮助他人，有财产的要以财物帮助他人，有学问的要以道理帮助他人。如果人们都这么去做了，天下还愁不太平吗？”

虽然墨翟为推广他的学说制止战争做了很大的努力，但是，没有一个国家对他的学说真正感兴趣，几千年过去，战争依然发生，而且越演越烈，这不能不说是人间的一种悲剧。

孟子：
母亲的剪刀让他顿悟人生

一天中午，逃学的他背着书包假装从学校回家。母亲叫他过来，问道：“轲儿，娘织的布好不好？”“好啊。”孟轲奇怪母亲为什么问这个。母亲拿出一把锋利的剪刀，咔嚓一下，把丝线全部剪断，织了一半的布和线都不能用了。“你知道什么是半途而废吗？”母亲问他。儿子明白了母亲的意思，从此，他发愤学习，谨遵母亲的教诲，再也不三心二意了。

Meng Zi

[天将降大任于斯人也，必先苦其心志，劳其筋骨，饿其体肤，空乏其身。——孟子]

孟子（前372~前298），鲁国人（今山东邹县），名轲，战国时期著名思想家、教育家，儒家学派的代表，创立并倡导“仁政”，有“亚圣”之称。

孟子的先辈曾是鲁国的贵族，后来沦落为穷人。父母亲都受过良好的教育，在父母的教育下，孟轲很小就对知识和学问产生了兴趣。

孟轲4岁时，父亲就去世了。母亲思念父亲，就住在墓地附近。有一天，孟母发现孟轲和小伙伴们在玩出殡的游戏，有的在哭，有的模仿抬棺材，还有的模仿吹喇叭，一个个兴高采烈。孟母告诉小孟轲，发丧没有什么好玩的，失去亲人是很痛苦的事。孟轲答应了，可过几天又玩起来。

孟母意识到环境对孩子的不良影响，就搬到一个集镇上，以织布为生。小孟轲毕竟年纪还小，喜欢热闹，集镇上最吸引他的是杀猪宰羊的屠宰场。他经常和一群小朋友围观，看着屠夫手起刀落血淋淋的场面，开始有些害怕，后来竟觉得好玩。

有一天，孟母正在家织布，小孟轲从外面兴奋地跑回家，脸上红彤彤的，满头大汗，更让母亲大吃一惊的是，他手上还有血迹。孟母厉声责问道：“你是不是干什么坏事了？”“没有，我们杀小猪玩呢！”孟轲急忙辩解。

“杀猪？杀猪是你们小孩玩的吗？”孟母着急地说。

“挺好玩啊，小猪又蹦又跳，还嗷嗷叫，好不容易才按住它。”看着孟轲满不在乎的样子，孟母又急又气，小小年纪，没有仁爱之心，却喜好残忍之事，将来如何继承孟家的仁德之风。于是，他们又搬家了。

这次他们搬到一所学堂边。每天早上，学堂窗口飘出琅琅的读书声，深深地吸引着小孟轲。他经常站在窗外，跟着里面的学生一起背书。学堂的老先生一问，发现他已认得不少字，《诗经》、《论语》也能背一些，先生不嫌他家穷，让他一起读书。孟轲认真读了半年多，又犯了爱玩的老毛病，时常逃学，被孟母发现了。

一天中午，逃学的他背着书包假装从学校回家。母亲叫他过来，问道：“轲儿，娘织的布好不好？”“好啊。”孟轲奇怪母亲为什么问这个。母亲拿出一把锋利的剪刀，咔嚓一下，把丝线全部剪断，织了一半的布和线都不能用了。“你知道什么是半途而废吗？”母亲问他。

儿子明白了母亲的意思。联想到母亲三次搬家都是为了给他营造一个良好的学习氛围，而自己却屡屡让含辛茹苦的母亲失望，孟轲感到深深的自责。从此，他发愤学习，谨遵母亲的教诲，再也不三心二意了。

孟子青年时期到了鲁国，在孔子的孙子子思门下学习，接受了很多儒家思想。后来，他的学问和名气越来越大，人们都说他是孔子的继承人，他自己也这么认为。他决定像孔子一样周游列国，宣传他的“仁爱”主张。

孟子周游列国，各国的国君对他都挺客气，毕竟是名人嘛。齐国的国君还让他当了卿相。不过客气归客气，“仁爱”的主张却基本上不予采纳。乱世中的每一个统治者都会想，你叫我不打仗，那别人打我怎么办？你叫我“取于民有制”，这道理其实谁都懂，也就是不要杀鸡取卵，可是天下这么乱，我不多收点税，军饷从哪里来？20个地瓜我才拿一个，我不喝酒啦？不吃肉啦？那么多女人不养活啦？

孟子到了晚年，知道自己的政治理想无法实现了，就从齐国辞官回乡，以教书为业。回顾自己的一生，他最感谢的是母亲，母亲坐在织布机前手握剪刀的情形让他不无感叹，他感到心中有愧，母亲为他付出了那么多心血，可自己做得还远远不够好。

虽然孟子的思想，不为当世所重，但在中国长期的封建社会中，特别是宋代以后，他的著作《孟子》却被奉为经典，对于中国历代社会的政治、思想、文化、道德传统产生了很大影响，成为中国古代文化遗产中的重要组成部分。

孟子认为人性本善。他说，孩提之童，知爱其亲。他认为好人坏人之分，是由于社会的影响。他把人比做山木。他说，山上的树木本来是茂美的，但因为它接近都市，人们砍伐不休，牛羊践踏不已，于是长得不成样子，你能说这些树木本来是不美的吗？人也是这样，本有善性，但不断被摧残，得不到发扬，最后变得同禽兽差不多，这能说人的本性原来就是这样的吗？在中国历史上，性善论对人们的思想、文化、教育及心理影响深远。

成长启迪：

家庭教育的方式有好多种。而良好的家庭教育，绝对不是家长的满腹牢骚，甚至对孩子拳脚相加。孟子母亲的教育，虽说是没有“动刀动枪”，但却是别出心裁一针见血的。孩子都有向上的心，家长朋友如何在保护孩子自尊心的基础上，达到批评教育的效果，这的确是一门学问。

从文学角度讲，《孟子》行文磅礴，饱含情感的特点，历来受到人们的推崇。汉代的贾谊就学孟子，尤其是他的《过秦论》，其气势，其感情，都酷似孟子。唐宋古文家，也很推崇孟子，在其代表人物韩愈的文章里，时时都可以看到孟子的影子。可以说，孟子的散文为中国政论文开创了一个良好的传统。

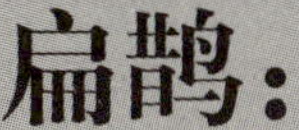

扁鹊：一次开导让他弃商从医

长桑君见扁鹊非常实在，就对他说，你既然有一颗仁慈的心灵，何不跟着我学医，拯救病人的疾苦，造福于人呢？这番开导使扁鹊茅塞顿开，就这样，扁鹊成了长桑君的徒弟。扁鹊彻底爱上了这一行，他觉得行医是一种很好的事情，于是干脆全心全意地跟着长桑君学医，等到他学会给人看病以后，长桑君便离开了他的客店。长桑君走了以后，扁鹊便开始单独行医。

Bian Que

[最了不起的医生医治国家的疾病，普通的只医治人的病。——扁鹊]

扁鹊（前263~前201），齐渤海郡鄚州（今河北任丘）人；一说为今山东长清一带人。春秋战国时期的名医，最早用望、闻、问、切四法来诊治病人。

扁鹊年轻时曾在一个小客店谋生。有一天，一个以看病为生的老头住进了他的小店，一住就是半年。这位老人名叫长桑君，每天长桑君早出晚归。扁鹊见长桑君整天治病救人，对他非常尊敬。

长桑君见扁鹊非常实在，就对他说，你既然有一颗仁慈的心灵，何不跟着我学医，拯救病人的疾苦，造福于人呢?

这番开导使扁鹊茅塞顿开，就这样，扁鹊成了长桑君的徒弟，他一边开店一边跟着长桑君学医，而长桑君也大方地将许多秘方传给了他。很快，扁鹊便掌握了很多治疗疑难病的秘方。

自此以后，扁鹊彻底爱上了这一行，他觉得行医是一种很好的事情，于是干脆全心全意地跟着长桑君学医，等到他学会给人看病以后，长桑君便离开了他的客店。

长桑君走了以后，扁鹊便开始单独行医，由于那时候医学不是很发达，所以给人看病是一个很挣钱的职业，好多人便以这种职业来敲诈病人的钱财。可是扁鹊不是这样，他牢记着长桑君的教诲，注重自己的道德修养，以拯救病人的疾苦为己任，处处为病人着想，从不多收病人一分钱。经过他治疗的病人很快都能好起来，他的名声一传十，十传百，很快他便在十里八乡有了名气。

相传扁鹊能让人起死回生。有一天，扁鹊带着手下的弟子去行医，到了虢国的都城，刚进虢国的城门便听说虢国的太子突然断了气。出于好奇，扁鹊手下的弟子便上前去跟守门的士兵打听究竟。

“你们太子是得什么病死的？”

“什么病也没得，今天早上一起来就被气给堵死了。”

在一旁的扁鹊听到这句话，赶紧上前关心地问道：

“入棺了没有？”

“今天一大早上才死，到现在太阳都还没有晒到头顶，入什么棺呀！”

扁鹊一听，便向士兵打听了去宫殿的方向，然后一边念道：“还有救！还有救！”然后朝着宫殿走去。来到宫殿门口，他向守门的侍从官说道：“我可以把你们的太子救活，快让我进去。”

侍从官哪里听扁鹊这种话。

“你是哪里来的疯子，快滚开。”

“你不信？你进去摸摸你们太子的身体，一定还是热的。”侍从官一听，赶紧派人进去禀告。不一会儿，那人出来了。

“国王请这位先生赶紧进去，太子的身子真是热的。”

扁鹊给太子切了切脉，然后用耳朵靠近太子的心口听了听，之后又摸了摸太子的腋窝。

“太子还有救，只不过是暂时尸厥罢了！”

扁鹊一边说着一边让弟子子仪取出银针，然后选好穴位，在太子头上的“百会”穴上扎了一针，然后把鹅卵石在火上烤了烤，等到暖和以后便放到了太子身体的两侧。不一会儿，太子的鼻孔有了呼吸。扁鹊看太子有了气息，于是又从药囊里取出几服药让弟子子仪拿去熬来给太子吃下。吃了扁鹊的药后，太子的眼睛慢慢地睁开了。太子被救活了，扁鹊从此名声大噪。

扁鹊是我国最早用望诊方法诊断疾病的医学家。有一年，扁鹊来到齐国，因为他的名声很大，所以刚一到齐国，国君便派人来请他到宫里去做客。在交谈过程中，扁鹊查看到了齐国国君的气色，认为他有病，于是便告诉他，他的病现在只在皮肤里，如果不治的话病可能很快会加重。国君不相信，所以扁鹊也就没法给他医治。后来扁鹊好几次去看望齐国国君，每次都告诉他病情的发展，但是齐国国君都不相信，等到他的病真的严重起来的时候，让人去找扁鹊，这时扁鹊已经离开了齐国，国君因为没有得到及时的医治，终于病死了。

扁鹊通过望、闻、问、切而知道人是否有病，他利用这一办法给许多百姓看好了病，深受老百姓的喜爱。有一年，扁鹊来到了秦国，秦武王听说扁鹊到了秦国，就让人去把他找来给自己看病。当时专门给秦武王看病的太医李醯担心扁鹊的到来会让自己丢了饭碗，当即便站出来反对，他告诉秦武王他的病主要是在耳朵根后面和眼睛下面，而如果让扁鹊医治的话，必须要使用针，这样就很容易让你耳聋眼瞎。秦武王一听有些害怕了，于是便不敢请扁鹊医治。歹毒的李醯还不罢休，暗中派人把扁鹊杀害了。

人们对这位医术高明的医生怀着敬佩之情，所以在扁鹊行过医的很多地方都有人为他立墓碑、修庙宇。而对于将扁鹊引上行医之路的长桑君，我们也应该表达深重的敬意。

成长启迪：

别人的一次开导，竟使扁鹊弃商从医。这看上去似乎有些头脑发热，事实上，扁鹊的行为是正确的。一方面，长桑君的为人征服了他，另一方面，扁鹊有从医的天赋。这件事给家长们的启示是，在教育子女上，要注意发现特长，并尽快创造条件发展他的特长，切不可错失时机。

司马迁：
父亲的点拨开启了他的漫游生活

父亲告诉他，写一本史书，仅有书本上的知识是不够的。古人说，行万里路，读万卷书，就是说从实践中获得真知。司马迁很受启发，不久，便开始了他的漫游生活。漫游生活为他的《史记》创作提供了许多鲜活的材料。

Sima Qian

[一日为师，终生为父。——司马迁]

司马迁（前145~前86），字子长，陕西韩城人，汉朝史学家、文学家。历时十余年编写的《史记》是中国第一部纪传体通史，被称为：史家之绝唱，无韵之离骚。

司马迁的故乡南临黄河，北临著名的龙门山，相传大禹曾在龙门凿山治水。韩城古称少梁，春秋战国时代，不少著名的战役都发生在这里。气势恢弘的大河名川，厚重丰富的历史文化，给年幼的司马迁许多熏陶。司马迁的童年在家乡度过，经常听老人们讲述家乡的历史传说。他想，要是能把这些精彩的历史故事都记载下来该多好啊！

他的父亲司马谈是汉武帝的太史令，是一位治学严谨、知识渊博的学者，专门负责编修天文、历法和历史文献。生长在史官家庭，耳濡目染，司马迁从小就养成了读书的习惯。

10岁时，司马迁在读书中碰到了“拦路虎”，因为许多古代文章是用籀文写成的。籀文是周朝时的文字，类似大篆体。遇到不懂的他就向父亲请教，细心揣摩，终于学会了籀文。这样，那成堆的竹简书就再也难不倒他了。他还到处拜师，向儒学大师孔安国学习古文《尚书》，向董仲舒学习公羊派《春秋》，知识越来越丰富了。

书读多了，司马迁也萌生了写书的念头。但是父亲告诉他，如果写一本史书，仅有书本上的知识是不够的。古人说，行万里路，读万卷书，就是说从实践中获得真知。司马迁很受启发，不久，便开始了他的漫游生活。

这一天，司马迁驾着马车来到薛城，了解当年齐国丞相孟尝君的情况。前几天，他刚到过曲阜，参观了孔子的庙堂，当地的书生文质彬彬，给他留下深刻印象。进了薛城城门，他发现街上到处都是习武卖艺的，有的在舞剑，有的在打拳，言行举止豪放粗鲁。

司马迁很纳闷儿，曲阜、薛城不过相距200余里，民风为何如此不同？他向一位白发苍苍的老者求教，老人告诉他：“当年，孟尝君喜欢招揽天下的英雄豪杰，只要来投奔他，统统收留。天长日久，少说也有6万多户了。你想，这么多侠客义士到了俺薛城，这里的风俗能不改变吗？”司马迁又在城里打听了许多人，收集到许多关于孟尝君的故事，后来写成《孟尝君列传》，成为《史记》中最精彩的篇章之一。

司马迁行程数万里，足迹遍天下，为《史记》的写作搜集了许多新鲜的材料。这时，他又一次体会到父亲的良苦用心，要写史书，闭门造车是不行的，只有经过深入地考察、反复地核实，获得第一手最真实的资料才能写出最生动、最全面、最真实的史书。

然而，对司马迁一生影响最大的父亲没过多久却去世了。

那一年，汉武帝要到泰山去举行“封禅”大典，司马迁的父亲司马谈也跟着汉武帝前往。可是刚到了半路，司马谈就染上了重病，只好留在了洛阳附近的一个小镇上，正好从西南回来的司马迁赶到了洛阳，气息奄奄的司马谈对司马迁说：

“孩子，我死了以后，你一定要做太史令，继续我的事业。自从孔子编了《春秋》后，已经400多年没有人再写过历史了。汉朝现在统一了，国家安定了，这是一个多好的机会啊！”

司马谈死后的第三年，司马迁被汉武帝任命为太史令。不久司马迁便开始写作了，他反复比较和研究历代的史料，然后又把自己多年漫游所掌握的材料作了全面的整理，最后他决定写一部史料真实全面的史书。

公元前99年，汉朝大将军李陵奉汉武帝的命令，率领5000步兵进攻匈奴，后来终因孤军深入，被8万匈奴兵包围。李陵拼死突围，斩杀了无数的敌人，但最后粮草断绝，不得已当了俘虏。这个消息传到朝廷的时候，汉武帝大发雷霆，司马迁平日跟李陵并没有什么深交，但他仗义疏言，他对汉武帝说：“李陵率领的5000步兵，作战十多天，杀伤了无数敌人，最后弹尽粮绝，投降绝非本意。”司马迁的话激怒了汉武帝，后来司马迁被关进了监狱，并且受到了严刑拷打。没过多久，又从北方传来消息说，李陵正在帮助匈奴练兵，来准备攻打汉朝。其实这是一个谣传，可是汉武帝信以为真，马上命令把李陵的家属全部杀死。只替李陵讲了几句实话的司马迁也被汉武帝下令处以死刑。当时要避免死刑只有两个办法，一个就是花50万钱赎罪，另一个就是用腐刑（就是割掉生殖器）来代替死刑。

司马迁的家境并不富有，用50万钱来赎罪是不可能的事情，他想着自己未完成的史书，又实在是不想就此死去，在万般无奈之下，他只好接受腐刑。

成长启迪：

司马迁之所以能成为一代史学家、文学家，是与他的漫游生活分不开的。而他的漫游生活正是受了他父亲的点拨。在一个人的成长过程中，父母或老师的一句话，很可能会影响他们的一生。

公元前96年，汉朝打败了匈奴，平定了边境，汉武帝一高兴，便下令释放一些关押在监狱里的罪犯，被关押了三年的司马迁这才得以重见天日。

司马迁出狱后当上了中书令，专门负责掌管皇帝的诏书和大臣的表章。司马迁平日除了默默无闻地工作以外，他几乎把空余的时间都用来写史书了。公元前91年，汉武帝和他的儿子在长安进行了一场十万人参加的大血战，结果，汉武帝战胜了他的儿子。为此几乎所有的臣子都前去祝贺，惟独司马迁仍然埋头写他的史书，也就是这一年，他完成了他的著作——《太史公书》，那一年司马迁已经52岁了。在这本书里，司马迁根据自己多年游历所获得的第一手资料写就了许多不朽的篇章，他终于完成了父亲的心愿。

《太史公书》很快地流传开了，后来人们把它叫做《史记》。《史记》一共有52万字，分为十二本纪、十表、八书、三十世家、七十列传，共130篇。

《史记》不仅是我国文学和史学上的重要著作，就是在全世界，也是一部奇书。鲁迅先生赞它是“史家之绝唱，无韵之离骚”。

张衡：祖母的故事燃起他探密太空的欲望

夏日的夜晚，天空澄澈，月光如水，祖孙俩坐在院子里，祖母给他讲嫦娥奔月、吴刚伐桂的故事。有时他会突然问祖母，为什么晚上会有月亮？白天月亮哪去了？晚上太阳又躲在哪里？多年后，张衡对于当初祖母不能解释的问题已经了然于胸，但对于祖母，他始终抱着深深的敬意，正是因为祖母当年的启发，他才萌发了探密太空的强烈愿望。

Zhang Heng

［人生在勤，不索何获？——张衡］

张衡（78~139），字平子，河南南阳人，东汉著名的天文学家。他制浑天仪，造地动仪，他写的天文学著作《灵宪》，阐述了天地日月星辰的生成和运动。他还是一位机械技术大师，才情高远的文学家和画家。

张衡出生在一个很有名望的诗书世家，祖父张堪学识渊博、品德高尚，在任渔阳太守时，抗击匈奴，发展生产，深受老百姓的拥护。祖父为官清廉，两袖清风，去世后并没有给家中留下多少钱财。张衡很小的时候，父亲就去世了，家境比较贫寒。

幼小的张衡最喜欢听祖母讲故事。夏日的夜晚，天空澄澈，月光如水，祖孙俩坐在院子里，祖母给他讲嫦娥奔月、吴刚伐桂的故事。有时他会突然问祖母，为什么晚上会有月亮？白天月亮哪去了？晚上太阳又躲在哪里？祖母笑着摇摇头，她也无法解释。

张衡一直对此“耿耿于怀”，祖母见张衡小小年纪便懂得思考问题很高兴，但他每天沉迷在“白日梦”之中也不是办法，便对他说，要将这些问题搞明白，必须先做学问，因为只有有学问的智者才能解释这些深奥的问题。

这使张衡茅塞顿开，是呀，不做学问，自己就是个愚蠢的人，怎么会明白这些神秘而又深奥的知识呢？

从那以后，张衡更加酷爱读书了。除了读书以外，他还经常观察工匠们干活。要不就摆弄竹片、树枝，做些精巧的小玩意儿给朋友玩。在石桥镇，几乎没有比他更心灵手巧而且有学问的人了。但他一点也不满足，决定到外地去游学，以增长学问。

在当时，长安是西汉的都城，洛阳又是东汉的都城，人们合称它们为“二京”。张衡决定到“二京”游学。他辞别家乡，首先向西到长安去，开始了他的游学历程。一路上，他四处拜访有学问的人，并把听到和看到的事都记了下来。在洛阳，他结交了许多有学问的人，其中崔瑗便是他的一个好朋友，俩人对天文历法都很感兴趣。

由于勤奋好学，张衡很快便成了洛阳城的著名人物。有一次，南阳太守派人来告诉张衡，推荐他去当官。但他谢绝了。他认为做不做官不要紧，要紧的是研究学问。后来官府又几次派人来请张衡去做官，他都没有答应。

几年过去，张衡学问大有长进，名声也越来越卓著了。但他家的生活越来越困窘，正巧南阳太守鲍德又来请他去做官，他想到鲍德是一个有道德有学识有修养的人，就答应了他。于是，张衡在鲍德的手下做了一名主簿，负责处理和起草公文。

在鲍德的手下干了一段时间，张衡帮助老百姓干了许多好事，不断显露出他的才干。鲍德见他果然有才干，更加信任他了。他又建议鲍德建立了郡学，供读书人学习。不久，他又把自己的游学经历写了下来，这便是著名的《二京赋》。他前后用了十年时间，才最后写成。这篇赋一写成，立刻轰动了京城。读书人争着阅读传抄。不过因为它篇幅太长，没有流传下来。

后来，鲍德被调到京城当官，张衡便又回到家中专心研究起学问来了。他开始研究《玄经》，这是一本研究宇宙现象的哲学著作，也谈到了天文历算等问题。这本书对张衡产生了很大影响，想起小时候自己问过祖母的那些问题，张衡重又兴趣勃然，他发誓要打破沙锅，将这些问题彻底弄透，解开人们心中的疑团，从此，他把兴趣转移到了对宇宙现象的探索里。

有一年，东汉皇帝汉安帝下令，要全国各地推选有学问的人到洛阳做官，张衡也被选到了京城，由于他对天文历法有深入研究，朝廷便任命他当太史令，负责天文、历法、气象、地震等方面的事。张衡从此更专心地研究天文学了。他每天都在认真地观察着星空，不论严冬还是酷暑。通过长期的观察记录，张衡把自己记录下来的天象都写在一部叫《灵宪》的书里，直到现在这部书在天文学史上还占有极高的地位。此时的张衡，对于当初祖母不能解释的问题已经了然于胸，但对于祖母，他始终抱着深深的敬意，正是因为祖母当年的启发，他才萌发了探密太空的强烈愿望。

张衡不但写书，对观察到的现象加以理论总结，而且将这些加以实践，从而创造出能实际操作的天文仪器。

浑天仪的制作精巧：他先找来一些竹子，用刀将它劈成片，然后在它们上面刻上度数，再将这些竹片编成一个圆球。然后请木匠将它做成一个木模，再浇铸成铁球。他又想出用漏壶滴水的办法，推动仪器自己转动。他通过计算，在仪器内装了精致的齿轮，当漏壶不停地滴水时，带动仪器绕轴缓缓地旋转起来。漏壶中的水经过一天一夜滴完，仪器也正好转完了一圈。为了说明这个仪器的结构和原理，张衡还写了一本书叫《浑天仪图注》。根据这本书，人们可以知道汉代的浑天仪是什么样子，汉代的人是如何理解天象变化的。

除了浑天仪，张衡还发明了地震仪。公元138年，张衡根据自己发明的地震仪预测出了某个方向发生了大地震，但当时大家都以为他胡扯，京城里没有一个人相信。

几天后，报信的人骑马赶到京城报告皇帝，距当时的东汉都城洛阳一千多里的陇西果然发生了大地震。消息确认之后，全城轰动。张衡从此名扬全国，甚至有人把他看做圣人。

成长启迪：

儿时的生活对一个人的影响是极为深远的。祖母给张衡讲的嫦娥奔月、吴刚伐桂的故事成了他天文学的最早启蒙教育，正是在这种教育的熏陶下，张衡才萌发了探密太空的念头，并一步步走向了成功。

华佗：
蔡大夫让他崇拜有加

父亲生前有一个行医的好朋友蔡大夫，在华佗的家乡很有名气。他不仅医术精湛，而且医德高尚，有时还免费给穷人治病。有一次他亲自看到蔡大夫治好了一位病人，不禁崇拜有加，于是他也想做蔡大夫这样的人，为穷人治病。华佗的母亲就请人带着华佗去拜师。华佗也从此一步步向成功道路迈进。

Hua Tuo

[流水不腐，户枢不蠹。——华佗]

华佗（145~208），字元化，安徽亳县人，东汉时期名医。曾创造许多医学奇迹，传说发明“麻沸散”行剖腹术，发明“五禽戏”健身强体，被世人称为神医。

华佗的祖上本是望族，到了父辈这一代，家境已经衰败。华佗 7 岁时，父亲去世了，母亲没有钱让儿子继续读书，思来想去，还是觉得应该让孩子学一门手艺，只有有了安身立命的本领，将来母子的生活才有着落。可是学什么手艺，母亲的心里却没有谱儿。

父亲生前有一个行医的好朋友蔡大夫，在华佗的家乡很有名气。他不仅医术精湛，而且医德高尚，有时还免费给穷人治病。有一次他亲自看到蔡大夫治好了一位病人，不禁崇拜有加，于是他也想做蔡大夫这样的人，为穷人治病。华佗的母亲就请人带着华佗去拜师。

见了蔡大夫，华佗立即施了个大礼：“弟子拜见老师。父亲病逝，孩儿受母亲之命，前来拜您为师，请收下徒儿。”蔡大夫见这孩子言谈举止规矩礼貌，就有点儿喜欢，况且是朋友的儿子。可是行医人命关天，不能有半点闪失，需要反应敏捷、头脑聪明。于是，他决定出题考考这个孩子。

出什么题呢？蔡大夫环视四周：这时候，他的几个徒弟正在院子里采桑叶，桑树底下的枝条已经采完了，只剩高处的枝条。他们跳着脚也够不着，想爬树又爬不上去，几个人在树底下团团转，无计可施。蔡大夫看到这情景，便对华佗说：“你能想个办法，帮他们把高处枝条上的桑叶采下来吗？”

小华佗想了一下说：“我有办法，您等一会儿。”

他找来一根长绳子，系上一块石头，往上一抛，绳子越过枝条，使劲一拽，枝条被压了下来。几个人上去，很快就把桑叶采到了筐里。

蔡大夫微笑地点点头。这时他看见大门口有两只山羊正在斗架，眼都斗红了，怎么拉也拉不开，就对华佗说：“你能把这两只山羊拉开吗？”

华佗看了看说：“这好办。”说着，他跑到门外的草地上，采来两把鲜嫩水灵的青草，放在两只羊的嘴边。这两只羊早就斗饿了，见到鲜草，立刻低头去吃，不再斗架了。

蔡大夫看这个孩子如此聪颖机智，就说：“好孩子，我收下你了。”从此华佗开始了他的学医生涯。

通过多年师从蔡大夫的医疗实践，华佗学到了真本领，成为了一代名医。但在他心中，自己的师傅蔡大夫才是最高明的医生，他不仅医术精湛，医德高尚，还将自己的医术毫无保留地传给了徒弟，让徒弟继承他的事业。

华佗觉得自己必须向师傅学习，才能对得起他老人家。后来，他发现一些民间的偏方可以治疗常见病，比如用青苔炼膏，治疗马蜂蜇后的肿痛；用紫苏治疗鱼蟹中毒；用黄精治疗身体虚弱等。这些疗法，既简便易行，又收效快速。

他发明的麻沸散，是一种麻药，是当时世界上最早发明和使用的麻药。而它的发明源于一次偶然的机会。

一次，一个喝醉酒的人因为绊倒在门槛上，头被碰破了很长的一段伤口。在华佗给他动手术缝合伤口的过程中，这个喝醉酒的人一直都没有喊疼，但第二天，这个病人开始喊疼了。华佗意识到酒起到了麻醉作用。由此，他得到启发，假如将酒掺入给病人用的药中，不就可以起到麻醉效果了吗？于是华佗反复做了很多的试验。最后，他终于研制成一种叫“麻沸散”的麻醉药。以后，再给病人动手术时，只要先吃上这种药，等到病人全身失去知觉后，他便可以放心地给病人动手术了，这是华佗对世界医学的一个伟大贡献。它比现在西医用的麻醉药早发明了1600多年。

华佗针对人的生理特点，还编了一套“五禽戏”。他认为古往今来那些长寿的人之所以长寿是因为他们爱运动的结果。运动是抵御疾病的一个重要的方式和有效的办法。所以，他根据各种鸟禽走兽的动作自编了一套动作。这五禽戏包括“虎、鹿、熊、猿、马”五种动物。或扑打，或跳跃，或飞腾，或摇摆。练过之后，效果特别明显。他的学生吴普据说就是因为坚持练“五禽戏”活到90多岁还很健康。

华佗不仅发明了麻沸散和创造了“五禽戏”，还对各种疑难杂症很有独到的见解与治疗方法。比如有个太守得了一种病，他一天到晚寝食不安。饭不香，睡不眠。华佗在看了他的病症之后，很快想出一套治疗的办法。他每天给太守看过病后都要许多钱。一连好多天，都是这样。但太守的病并不见好。然后有一天，突然有人报告太守说华佗带着钱财潜逃了。太守听说之后大怒，一气之下，吐了很多的血，而那些血竟都是紫黑色的，吐过之后，太守忽然发现自己好了。原来，华佗已知道太守的病由平时淤血而引起，必须逼出这些淤血后才能好。于是想出了这个激将法，结果一试就灵。

还有个叫陈登的广陵太守，一向自诩身体好，从不生病。突然有一天得病了，浑身就像被人塞了什么似的，老不舒服。他把华佗请了来。华佗看过之后，断定他是因为吃了没煮熟的活鱼虾的缘故。给他吃了药，不一会儿便起作用了，吐出许多没有煮熟的鱼肉和虾，不过，华佗又告诉太守他的病三年后还要犯。三年后，果然又犯了，因为华佗不在，结果太守不治而亡。华佗的从医经历使他名声更大了，人们都称他为神医，还说他青出于蓝而胜于蓝，而华佗却谦虚地表示，师傅蔡大夫是他的引路人，对于他来说，就像是高山，只能仰望，而不可走近。

时任汉朝丞相的曹操得了偏头痛，总医不好，闻听华佗的名声，便把他请去治病。病治好后，并不放他走，生怕再犯。但华佗想为更多的人治病，便借故回了家。回家后，便一去不还了。曹操很生气，一气之下，命人将他抓来，关进牢里。第二天，华佗便被杀了。中国的一代名医就这样带着遗憾走完了他的一生。

华佗对医学的贡献永远都不会被人们忘记，他永远都是一个伟大的医学家。

成长启迪：

每一个人都有自己的崇拜偶像，华佗正是在崇拜蔡大夫的基础上开始学医，并一步步走向成功的。崇拜一个人是无可非议的，因为对方身上的优点值得自己学习。但是现在的一些孩子却不懂得崇拜，甚至盲目崇拜，他们崇拜歌星的奇装异服，却对歌星的勤奋努力视而不见，这是令人深思的。

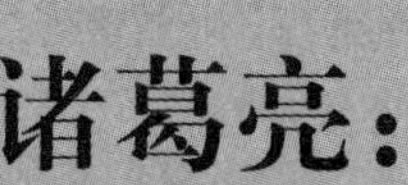

诸葛亮：叔辈们的勉励让他深受鼓舞

叔辈们勉励他不要虚度年华，要多读些书，尤其要多钻研些经邦济世的学问。现在可能用不着，但来日方长，将来一定会用得上的。他听了很受鼓舞，带着弟弟搬到襄阳城西20里的隆中山村，在那里盖了几间茅屋，定居下来，开始了长达10年的刻苦学习生活。果然，他的学问被派上了用场，刘备三顾茅庐请他出山辅佐自己。

Zhuge Liang

[志当存高远。——诸葛亮]

诸葛亮（181~234），字孔明，号卧龙，山东沂南人。三国时蜀汉政治家、军事家和外交家。

诸葛亮出生在东汉末年，父亲任泰山郡郡丞，是郡守的助手，在当地有较大的名望。不幸的是，在诸葛亮 8 岁时父亲去世了，叔叔诸葛玄收留了诸葛亮兄弟。

诸葛玄先带着他们到南昌，后来又带他们到襄阳投奔荆州牧刘表。生活总算暂时安定下来，诸葛亮和弟弟进了学堂读书。

学堂是刘表为自己和朋友们的孩子开办的，请了幕僚中最有学问的人授课。对于这个战乱中的学习机会，诸葛亮非常珍惜，他抓紧时间学习古人的经典著述。

当时，战祸连绵不断，曹操的军队和吕布的军队正在鏖战，汉朝的天子汉献帝都不知躲哪里去了。从亲身经历和耳闻目睹中，诸葛亮深切感受到国家分裂给人民带来的痛苦，连贵为天子的皇帝也不能幸免于难。诸葛亮从书本中的知识和长辈们有关国家兴亡的历史故事中，思考着眼前的社会变化。

诸葛亮因叔叔的关系，先后结交了不少社会名人，常常和他们读书吟诗，谈古论今，谈论天下大事，抒发自己的政治理想。诸葛亮年纪虽不大，但是有远大的政治理想，他非常崇拜春秋战国时期辅佐君主的良相管仲和乐毅，希望自己也有机会成为这样的人。

诸葛亮17岁时，叔叔诸葛玄也去世了。叔辈们勉励他不要虚度年华，要多读些书，尤其要多钻研些经邦济世的学问。虽说现在可能用不着，但来日方长，将来一定会用得上的。他听了很受鼓舞。叔叔去世后，他带着弟弟搬到襄阳城西20里的隆中山村，在那里盖了几间茅屋，定居下来。

在这个依山傍水、风景优美的小山村，诸葛亮开始了长达十年的刻苦学习生活。诸葛亮读书与当时大多数人都不一样，他不拘泥于一章一句的字义，而是观其大略。通过潜心钻研，他不但熟知天文地理，而且精通战术兵法。他牢记叔辈们的话，时常钻研经邦济世之道，渴望有一天能够施展自己的才能。

这期间，他在隆中结交了不少渊博学者，经常同他们一起游玩、交谈。诸葛亮对自己的能力非常自信，常自比历史上的杰出政治家管仲、乐毅，渴望在当时群雄割据的局面中施展才华。

诸葛亮在辅佐刘备之前，虽还是一介布衣，但他却密切关注着天下大势，常与好友崔州平、徐元直、石广元、孟公威、司马徽等纵论国家大事，他的政治见解受到朋辈的高度赞扬，被人称为“卧龙”。

诸葛亮27岁那年，遇到了小军阀刘备。刘备当时处境困难，但待人诚恳，很有抱负。因此诸葛亮第一次同他见面便谈得很投机。诸葛亮向刘备提出了先在荆州立足，再占益州，和孙吴及南方蛮夷结盟，抗拒曹操的战略方针，这就是有名的隆中对。刘备听了诸葛亮的高论，为其才智所折服，便请诸葛亮出山辅佐自己。

叔叔的话没错，大丈夫一旦拥有经天纬地之才，就应该相机而动。于是他便离开隆中，做了刘备的军师。

公元208年，曹操率大军南下，准备统一南方。东吴孙权想联合刘备共同抗击曹操，诸葛亮很高兴，就去了东吴。东吴阵营中有主战派，也有主降派，诸葛亮当着东吴孙权的面舌战群儒，用激将法，使孙权下决心抗击曹操，结成了孙刘联盟。在接下来的赤壁之战中，孙刘联军利用火攻大败曹军，这一仗为刘备在南方立足和后来三分天下奠定了基础。

成长启迪：

机遇是为有所准备的人而降临的。诸葛亮如果平时不读书学习，再好的机遇也是枉然，再大的抱负也难以实现。学习知识必须有一种内在的动力，同学们不能因为一时看不到前途就荒废自己的学业。否则，会因为“书到用时方恨少”而遗憾终生。

王羲之：
《笔论》引领他走进书法世界

有一天他从父亲的床头发现了一本书，叫《笔论》，打开一看，都是书法技巧的内容。他高兴极了，埋头看起来，边看手指头边在腿上画来画去，一副痴迷的样子，连父亲走近都没察觉。正是那本《笔论》为他打开了心窗，使他对书法多了几分灵性。

Wang Xizhi

[自古及今，不施而得报，不劳而有功者，未之有也。
——王羲之]

王羲之（303~361），山东临沂人，晋朝著名书法家。他的书法使书法艺术由注重汉字形体结构之美，上升到追求书法的气势神韵，表现书法家的自我精神，被后人尊称为“书圣”。

王羲之 7 岁的时候就喜欢书法，没事就拿起毛笔写呀写，因为没掌握要领，所以进步并不大。有一天他从父亲的床头发现了一本书，叫《笔论》，打开一看，都是书法技巧的内容。他高兴极了，埋头看起来，边看手指头边在腿上画来画去，一副痴迷的样子，连父亲走近都没察觉。

“你还小，这本书太深奥了，还是先读好了书再说吧。”父亲说着就要收走这本书。“不，您还是让我学吧，您说过，要想成就大事业，就要从小打好基础。”父亲想了想，把书还给了羲之，语重心长地说：“要想把字写好，光看还不行，重要的是刻苦练习。”

有了父亲的支持，他练得更带劲了。每天除了把先生教的书读好，就一门心思地趴在书桌上练写字，他反复揣摩《笔论》，时间一长很快就记得滚瓜烂熟了，为了参照这本书练习书法，他几乎到了走火入魔的地步。

有一天中午，书童送来他最爱吃的馒头和蒜泥，让他趁热快吃，小羲之不理不睬，专心致志地继续练字。书童只好去请他母亲来劝他吃饭。母亲来到书房，看到小羲之左手正拿着蘸了墨汁的馒头吃得津津有味，右手还在写着，弄得满嘴乌黑，见到母亲，还笑着说蒜泥真香。母亲哭笑不得。

经过长时间的琢磨之后，王羲之的书法有了很大的长进，正是那本《笔论》为他打开了心窗，使他对书法多了几分灵性。

起初，王羲之拜著名的女书法家卫夫人为师，认真学习正楷书法。学了一段时间，王羲之对卫夫人说：“老师，我觉得正楷书法倒是横平竖直，写出来也好看，但就是过于呆板，缺乏生气，是不是应该加些生动活泼的东西？”卫夫人并没有责怪他，只是说：“你的想法不错，练字不能只追求形似，也不必拘泥于前人的隶书和楷书，可是我只能教你这些，你还是另请高明吧。”

拜别了卫夫人，王羲之四处游学。他到了泰山，看到李斯的小篆体碑；到了洛阳，看到蔡邕的隶书石经；后又见到张昶的草书《华岳碑》，这一切使他大开眼界，他细心揣摩体会。回到家中，在房间里习字似乎束缚了他的想像力，于是他在池边的高台上临池习书。不管是天寒地冻，还是盛夏酷暑，伴随着池边的松涛，从狂风和电闪雷鸣中汲取灵感，融会百家之长，终于创立了飞龙走蛇般的行草体。一池碧水，因为他经年累月地洗刷笔砚，也变成了墨池。

王羲之的字每一天都有长进，名气也越来越大，以致当时得到他写的字，成了最为荣幸的事情。传说有一天，一个穷老太婆在大街上叫卖扇子，大街上的人看见老太婆手里的扇子都摇了摇头走开了，王羲之见了便走过去对老太婆说：

“老婆婆，你卖出去几把扇子了？”

“一把扇子也没有卖出去！”

“您到对面铺子里去借笔和砚来，我给你在扇子上写上一些字，它们用不了一会儿就会卖光的。”

老太婆正为手里的扇子发愁呢！听王羲之这么一说赶紧跑到对面的写字摊上借来笔和砚。

王羲之便坐在街头在老太太的扇子上写起字来，然后他对老太太说：

“老婆婆，您就喊‘扇子上有王羲之写的字’，一把扇子卖一百钱。”

果然，没过多久老太太手里的扇子就卖光了。

王羲之不仅写得一手好字，而且为人正直，做官清廉。有一年，朝廷任命王羲之做会稽（浙江省绍兴）的内史，当时会稽正在闹饥荒，很多人吃不饱，可是当地的贪官们却不管百姓的疾苦，照样向老百姓派粮、派捐、派劳役，许多人为了生存，只好四处逃荒。

王羲之来到这里，看到这种情景后，便向朝廷呈报了实情。他希望朝廷能够减免老百姓的劳役和捐税，并且请求朝廷开仓放粮，拯救百姓。

朝廷听取了他的意见，同时还惩治了一些贪官污吏。王羲之的为官清廉得到了会稽百姓的广泛传扬。这一下可得罪了他的顶头上司扬州刺史王述。不久，王羲之便假称有病辞去了会稽内史的官职。

公元353年的三月初三，王羲之约了谢安和孙绰等几十位好友，一同到会稽的兰亭山去春游，大家来到兰亭前的曲水旁作了很多诗。后来有人提议，把这些诗收集成一个集子，取名《兰亭集》。大家又认为最好让王羲之给《兰亭集》做一个序，于是王羲之便挥笔写下了《兰亭集》的序言：

“永和九年，岁在癸丑，暮春之初，会于会稽山阴兰亭……”这便是王羲之最有名的代表作《兰亭集序》。这篇序不仅文辞华美，而且字体卓绝，被后人推崇为“天下第一行书”。

事实上，对于王羲之来说，那本《笔论》的影响是不可低估的，所以他一直珍藏着那本书，同时也把它作为激励自己的一个实物见证。

成长启迪：

理论必须与实践相结合，反过来，实践也必须与理论相结合。学书法光有热情是不够的，还必须掌握一定的理论技巧。《笔论》这本书无疑让王羲之如鱼得水。正是在《笔论》这本书的影响下，他才一步步走上正轨，最终成为一代大书法家。书法如此，音乐、绘画也一样，光有实践经验，没有理论指导同样很难有所成就。

祖冲之：
祖父的一句话让他得到解脱

父亲把书摔在地上，打了他一巴掌。祖冲之坐在地上号啕大哭起来。祖父闻声走过来说："不能硬赶鸭子上架。他背不出经书，说不定干别的事有灵气呢！你要注意观察孩子的兴趣，加以诱导。"这一句话，让祖冲之得到了解脱。祖父的话说得没错，祖冲之果然在天文、数学方面大有建树。

Zhu Chongzhi

[勤奋之于智慧更重要。——祖冲之]

祖冲之（429~500），字文远，河北涞源人，南北朝时杰出的数学家、天文学家和机械学家。他创制了《大明历》，计算出的圆周率比欧洲早1000多年。

祖冲之的祖父在朝廷当大匠卿，负责管理建筑工程，对天文历法特别有研究。祖冲之跟着祖父学习了不少东西，最后成为大科学家。可是在他小时候，父亲却对他没有信心。

祖冲之的父亲在祖冲之六七岁时，就逼着他背《论语》，没想到两个月过去了，冲之只能背十来行，气得父亲把书摔在地上，打了他一巴掌。祖冲之坐在地上号啕大哭起来。祖父闻声走过来说："不能硬赶鸭子上架。他背不出经书，说不定干别的事有灵气呢！你要注意观察孩子的兴趣，加以诱导。"这一句话，让祖冲之得到了解脱。祖父的话说得没错，祖冲之果然在天文、数学方面大有建树。

祖冲之跟祖父来到建筑工地，和农村的孩子玩了几天，白天一起捉知了，晚上一起数星星，长了不少见识。祖冲之拉着祖父问个不停："爷爷，为什么月亮十五圆呢？天上到底有多少星星？"祖父对他说："我们家里天文历书很多，你先看看，不懂的就问我。"从此，祖孙三代一起研究天文知识，祖冲之对天文历法的兴趣越来越大了。

祖父见祖冲之如此好学，捋着胡须大为赞叹，他觉得自己没有看走眼，孙子的确是因为兴趣在别处才对枯燥的《论语》提不起精神。十几岁的时候，祖父带他拜著名天文学家何承天为师。

祖冲之非常激动，他眼含泪花，对祖父说："我一定会好好学的！"是啊，如果没有祖父的慧眼识才，他现在还在自己不感兴趣的方面苦苦挣扎呢，如果不努力学习，怎么对得起自己的祖父！

在老师的指点下，祖冲之掌握了很多科学知识。更可贵的是，他还养成了独立思考的好习惯。

祖冲之没有让祖父失望，他在天文历法方面做出了较大的贡献。有一年八月二十九日，天上出现了日食。祖冲之感到很奇怪，按当时的历法，日食出现的日期是九月初一，这件事使祖冲之对历书的准确性产生了怀疑。从此，他常常拿历书和实际天象进行比较，几年后，他得出结论：历书里有很多错误！他决心编一部更准确的历法。当时通用的历法是他的老师何承天编的“元嘉历”，这部历法是何承天历时40多年才编成的。

祖冲之打算重编历法的时候，何承天刚去世不久。有人认为祖冲之重编历法是对老师的不尊重。祖冲之说改正老师的错误并不等于不尊重老师，老师在世的话也不会反对。后来祖冲之在徐州当了管理财政的官员，尽管公务繁忙，但他还是坚持每天观察天象。当时珠算还没有出现，计算的工具是一种叫筹的小棍，祖冲之遇到复杂的计算时，常常把筹摆得满地都是。十几年过去了，祖冲之终于编成了一部更准确的历法。

祖冲之向宋孝武帝呈了一道奏章，希望他同意施行新的历法，但宋孝武帝对历法毫无兴趣，他叫祖冲之去找大臣们商量，如果大臣们没有意见，就用新历法。皇帝的宠臣戴法兴对祖冲之没有好感，就对皇帝说，祖冲之一个芝麻小官竟然胆大妄为，破坏前人留下来的规矩，建议皇上不要采纳新历法。别的大臣惧怕戴法兴的权势，都不敢为祖冲之说话，施行新历法的事就被搁下了。过了两年，一个叫巢尚之的大臣看了祖冲之的历法，发现确实比旧历要精确，就劝皇上采用。宋孝武帝同意了，可是还没等新历法颁布，他就死了，于是施行新历法的事又不了了之。直到祖冲之死后十几年，新历法才被采用。因为新历法是在宋孝武帝大明年间编成的，所以又叫大明历。

后人为了纪念祖冲之的功绩，将月球背面的一座环形山命名为“祖冲之环形山”，将小行星1888号命名为“祖冲之小行星”。

成长启迪：

每一个孩子都有自身的特长与优势，作为家长应顺应孩子的天性恰到好处地培养，只有这样，孩子才有可能成才。而现在的一些家长根本不考虑孩子喜不喜欢，能不能接受，一个劲儿逼着孩子学这学那，这对孩子简直是一种摧残。试想，如果让大文豪钱钟书学数学，让武将张飞学穿针，会是怎样的一个结果呢？祖冲之祖父的一句话很值得家长朋友们深思。

郦道元：一次旅行让他长了不少见识

王先生告诉他们：司马迁20岁的时候离家游历四方，十年间行程上万里。他每到一个地方，都要寻访古迹，收集资料，有了这十年的积累，他才能写出流传千古的《史记》。郦道元将王先生的话记在心间，在处理政务之余，一有机会，他就要对当地的地理情况进行一番考察。这一切为他后来《水经注》的写作做了较好的铺垫。

Li Daoyuan

[家有千金之玉不知治，犹之贫也。——郦道元]

郦道元，(466～527)，北魏地理学家，代表作地理学名著《水经注》。

郦道元出生于官宦家庭，从小就对各地人文风物非常感兴趣，父亲的书房是他最爱去的地方，他常常捧着《山海经》、《汉书·地理志》、《禹贡》、《水经》等地理书爱不释手。

郦道元爱读地理书，但读多了就觉得那些书有美中不足之处。他把不同时代的地理书放在一起比较，发现古代的地理书写得过于简略，现代的地理书虽然详细一些，但书中缺少现代地形和古代地形的比较，看不出地理变迁的情况。他把自己的观点对父亲说了，父亲很高兴，鼓励他写一本新的地理书。

郦道元17岁的时候，家里来了一位姓王的先生。王先生见多识广，走过很多地方。父亲让郦道元跟王先生出去游历一番，郦道元高兴极了，他请求王先生让他的几个朋友一起去，王先生答应了。郦道元和朋友们跟着王先生在青州各地游玩，大自然的美景让他们兴奋不已，王先生告诉他们，旅行不仅仅是为了好玩，还是一种积累知识的好方法。王先生告诉他们：司马迁20岁的时候离家游历四方，十年间行程上万里。他每到一个地方，都要寻访古迹，收集资料，有了这十年的积累，他才能写出流传千古的《史记》。

这次出行，郦道元不但长了见识，还明白了很多道理。

郦道元20岁时，继承了父亲的爵位，先后在山西、河北、河南、陕西、安徽等地做官。他将王先生的话记在心间，在处理政务之余，一有机会，他就要对当地的地理情况进行一番考察。有一次，他在黄河南岸的陕县游览黄河，当地官员告诉他，秦朝铸的一尊铁人落进了河里，所以这一带的黄河波浪高达几十丈。郦道元不信这种说法，他带了几个人到黄河边实地考察，这里的黄河确实巨浪滔天。郦道元注意到黄河两岸是陡峭的石壁，河中间有两座石头堆成的岛屿，把河水分成三股。

“这里的大浪不是铁人造成的。”郦道元指着河中的石头岛屿对身边人说，“是山崩落下的石头堵塞了河道，才激起这么高的浪。”

郦道元不仅做学问认真，为官也十分正直，得罪了不少权贵。公元518年，郦道元被革了官职。郦道元做了20年的官，走了很多地方，收集了一屋子资料，如今没有了政务的牵制，他打算写一本新的《水经》，详细记载各条河流及流经地区的地理情况。

而之前四方游历进行的系统、全面的考察为这本书的写作提供了必要的铺垫。之后，郦道元埋头写作了7年，一部40卷的《水经注》终于写成了。《水经注》虽说是给《水经》作注，但它的文字增加了20多倍，记载的河流比原书多了1000多条。原书中很多错误的地方也得到了纠正，还增加了很多生动的描写。《水经注》既有地理知识，也有历史知识，而且它的文字优美传神，比如其中有一段记述长江三峡的文字：

“冬春之时，素湍绿潭，回清倒影。绝巘多生怪柏，悬泉瀑布，飞漱其间。清荣峻茂，良多趣味。”

郦道元离开官场多年后，北魏朝廷再次任用他，让他到汝南任职。汝南有个叫丘念的恶霸，深得汝南王元悦的宠幸。丘念仗着汝南王的势力为非作歹，干了很多伤天害理的事，老百姓对他敢怒不敢言，就连官府也奈何他不得。

郦道元上任后，马上派人调查丘念，掌握了他很多罪证。然后，郦道元命人在丘念必经之路上将他抓了起来。汝南王元悦连夜赶到京城，向孝明帝的母亲灵太后告状，说郦道元乱抓无辜。灵太后听信了元悦的话，下旨要郦道元放人。郦道元听说元悦上京城告状，就命人马上处决丘念。等元悦拿着灵太后的亲笔命令回来时，丘念已经被斩了。元悦怀恨在心，总想找机会报复郦道元。公元527年，雍州刺史萧宝夤叛乱。元悦见报复郦道元的机会来了，就向朝廷建议派郦道元出任关右大使，然后向萧宝夤散布消息，说郦道元要和他作对。萧宝夤得到消息后就派人在临潼县将郦道元杀害了。

郦道元一生治学严谨，为官清廉，他编写的《水经注》不仅有很高的科学价值，也具有很高的文学价值。

成长启迪：

与王先生的一次旅行不仅让郦道元长了不少见识，还让他明白了很多道理。郦道元正是在王先生的点拨下，走遍千山万水，最终完成了地理学名著《水经注》。郦道元的成功告诉我们：一切理论都应来自于实践。做学问来不得半点虚假，学习上更不能蜻蜓点水、浅尝辄止。

李白：伍婆婆磨针让他茅塞顿开

“只要功夫深，铁杵磨成针。世上无难事，只怕有心人。”在回家的路上，李白低着头，反复念着这句话，越想越有道理。他茅塞顿开，之所以最近读不进书，还是没有下苦功。从此，“铁杵磨成针”成了他的座右铭。

Li Bai

[天生我才必有用。——李白]

李白（701~762），字太白，号青莲居士，甘肃天水人。唐代著名诗人，后人尊称他为“诗仙”。

李白童年时在四川眉州的象耳山读书。这里山川灵秀，风光旖旎。时值万物复苏的春天，明媚的春光洒在绿草地上，窗外竹影婆娑，美丽的小鸟抖抖身上的露珠，一展美妙的歌喉。正在室内读书的小李白有些神不守舍：父亲不在家，何不出去玩玩？怕母亲发现，他蹑手蹑脚地出了家门。

一出家门，小李白就像逃出笼子的小兔，沿着山坡跑去。李白8岁了，在文学修养很高的父亲启蒙下，他读过不少文学前辈的文章，还能自己写诗做文章，别人都认为他是个神童，自己也有些飘飘然。

“哎呀，好漂亮的蝴蝶呀。”一只五彩斑斓的蝴蝶在前面飞着，小李白跟在后面跑，不知不觉跑到一条小溪旁，可是蝴蝶继续飞啊飞，最终飞过小溪不见了。

这时，他看见白发苍苍的伍婆婆，正在溪边用力地磨一根铁杵，就好奇地问她：“伍婆婆，你为什么要磨这铁杵啊？”

“我要把它磨成绣花针。”伍婆婆指着铁杵说。

“怎么可能呢？这么粗的铁杵能磨成绣花针？您跟我开玩笑吧！”李白压根儿不相信。

“我今天磨，明天磨，只会越磨越细。你听过愚公移山的故事吗？”

“我当然知道，这是《列子》里的故事，老愚公带着一家人要挖掉两座大山。”

“是啊，孩子，只要功夫深，铁杵磨成针。世上无难事，只怕有心人。”伍婆婆意味深长地看着李白说。

“只要功夫深，铁杵磨成针。世上无难事，只怕有心人。”在回家的路上，李白低着头，反复念着这句话，越想越有道理。他茅塞顿开，之所以最近读不进书，还是没有下苦功。从此，“铁杵磨成针”成了他的座右铭，他刻苦用功，自觉自愿地主动学习。书读得越多，越察觉到自己的不足，于是，他读书涉猎的范围越来越广，学业大有长进。

李白15岁时，父亲让他读《司马相如文选》，学习写词赋。李白很仰慕西汉的这位大词赋家，敬佩他的文采，更想超过他。他捧着《文选》

成长启迪：

顽皮是孩子的天性。父母和老师如果因此而粗暴生硬地训斥孩子，不但起不到什么教育效果，相反，还会激起孩子的逆反心理。伍婆婆用自己的实际行动让童年的李白顿悟人生，这种用事实讲道理的方式是最行之有效的。

反复阅读，直到读通读懂，然后开始模仿着《文选》的写作风格写了一篇，看后觉得与前辈差得很远，就一把火把习作烧掉了。历时数月，反复了三次，最后只留下两篇。是的，“只要功夫深，铁杵也能磨成针”，经过这种反复强化练习，他把汉赋这种文学形式运用得相当娴熟，并写出了具有自己独特风格的词赋。

25岁那一年，李白便开始出游，他曾经游历过长江三峡，登过庐山，并写下过许多气势磅礴的伟大诗篇，这些不朽的诗篇一直流传至今。

杜甫：剑器“舞蹈”让他深受启发

杜甫6岁时见到公孙大娘舞“剑器”，到晚年仍然记忆犹新。看来，舞蹈、书法、绘画、音乐、诗歌，是彼此相通的。据说，当时草书家张旭观看了公孙大娘的舞蹈之后，书法大有长进。这种激昂顿挫的舞姿，对以后杜甫诗歌的创作风格也起了一定的启发作用。

Du Fu

[愈是睿智的人，愈有宽广的胸襟。——杜甫]

杜甫（712~770），字子美，出生在河南巩县，唐代伟大的现实主义诗人，被后人誉为“诗圣”。他诗中永不衰退的政治热情、坚忍不拔的顽强性格和胸怀开阔的乐观精神，从古到今，早已超出文艺的范围。

杜甫出生在官宦世家，祖父在朝廷做官，父亲曾在兖州任司马。杜甫从小就志向远大，最崇拜的是远祖杜预，他是晋代的名将，多才善战，懂得法律、经济、工程，还曾注解过《左传》。

杜甫的母亲很早就去世了，幼小的杜甫寄居在姑母家里。姑母不光教孩子读书识字，对他的生活也照顾得无微不至，他和表弟每天在一起游戏玩耍，写字学画。可是一场大病把兄弟两人击倒了，姑母悉心照顾杜甫，把杜甫从死神手里夺了回来，表弟却病死了。这让懂事后的杜甫难过了很长一段时间。在姑母的精心照料下，杜甫长到十几岁时，已经健壮得像头小牛犊，一天到晚欢蹦乱跳的。姑母家的院子里种着梨树和枣树，八月秋风送爽时，树上梨黄枣红，他简直像只顽皮的猴子，不停地爬上爬下，帮助姑母摘梨打枣，欢声笑语飞满庭院。

童年的岁月烂漫而朦胧，许多珍奇的生活浪花，泯灭在记忆的长河中。但是杜甫6岁时见到公孙大娘舞“剑器”，到晚年仍然记忆犹新。“剑器”是一种西域民族的戎装舞蹈，动作刚劲，节奏火爆。公孙大娘是当时最优秀的舞蹈家，伴随着铿锵有力的音乐，她忽而从天而落，光彩夺目；忽而拔地而起，凌空飞腾。当时的情景是万人空巷，掌声雷动，矮小的杜甫挤在人群中，忘情地欢呼。

“昔有佳人公孙氏，一舞剑器动四方。观者如山色沮丧，天地为之久低昂。……”多年后，杜甫特别赋诗纪念当时的情景。看来，舞蹈、书法、绘画、音乐、诗歌，是彼此相通的。据说，当时草书家张旭观看了公孙大娘的舞蹈之后，书法大有长进。这种激昂顿挫的舞姿，对以后杜甫诗歌的创作风格也起了一定的启发作用。

杜甫7岁时开始做诗。儿童做诗，往往以动物为题材，杜甫咏的是神鸟凤凰。在古人心目中，凤凰是祥瑞之鸟，它象征着王朝的兴盛。这似乎是一个预兆。

因为杜甫一生心系国家，虽然他颠沛流离，但可贵的是，他在生活上不论怎样饥寒交迫，困顿不堪，也不论漂泊什么地方，他总是关心着国家的安危和人民的疾苦。

成长启迪：

艺术是相通的。杜甫的诗歌无疑受到了公孙大娘剑器舞蹈的影响。这也提醒了我们，一个人在学有专攻的同时，也要适当兼顾其他。因为任何一门学科都不是独立的，它与其他方面的知识是触类旁通的。为什么中小学生在学习上不能太偏科，就是这个道理。

司马光：父亲的点拨让他受益一生

父亲说："一个人聪明是好事，但要老实。说谎、骗人不是好孩子，我希望我的儿子做个老实人。"司马光连忙认错，从此再也不撒谎了。后来，因为他主动承认错误，朝廷不但没有降罪，反而嘉奖了他的忠诚。

Sima Guang

[学者贵于行之，而不贵于知之。——司马光]

司马光（1019~1083），山西夏县人，北宋时期著名的政治家、文学家。他主编的《资治通鉴》，是中国古代影响深远的史学巨著。

司马光6岁时开始读书。刚开始学习时，他看到别的同学背书，几遍就会背了，而他总是不会背，就以为是自己比别人笨。父亲告诉他，读书不能只靠死记硬背，要先了解它的意思，还要学会举一反三。司马光找到了窍门，把书当成故事读，就觉得背书不再是苦差事，很快学习就超过了其他同学。他7岁就能捧着《左氏春秋》读得津津有味，从学堂回到家中，还把书中的故事绘声绘色地讲给家人听。

司马光8岁那年的夏天，天气很热，教书的老先生昏昏欲睡，看孩子们也没精神，就让他们到树阴下去凉快。孩子们冲出教室就疯玩起来。玩了一会儿，一个满头大汗的小朋友跑到一个大缸边，想捧点儿水洗脸。可是他个子太矮了，就搬了一块石头，垫在脚下爬上去，使劲往下一弯腰，扑通一声，掉进缸里。

小伙伴们听到声音，赶紧跑过来，七手八脚地想把他拽上来，可是缸太深，他们再使劲也够不到。看到小朋友在水缸里挣扎，孩子们都吓坏了，有的哭，有的叫，乱作一团。司马光也非常着急，去叫大人，来不及了；自己跳进去，也会淹死。突然，他看到那块垫脚石，对！他搬起那块石头，使劲朝水缸砸去，砰的一声，水缸被砸了一个大洞，水哗啦啦地流出来，小朋友得救了。

司马光砸缸的故事很快传遍了十里八乡，大家都认为他是个聪明的孩子，司马光自己也很得意。

有一天，司马光拿来一些核桃仁，让姐姐把皮去掉。皮很难剥，姐姐剥了几下没有剥掉，走了。一会儿，一个丫鬟进来，把核桃仁用开水一烫，皮就好剥了。姐姐又回来，看见弟弟手里白白的核桃仁，就奇怪地问他："皮是怎么剥掉的？"司马光得意地摇了摇脑袋，说："是我自己剥掉的。"

姐姐想起不久前他砸缸救小朋友的事，就信以为真，连连称赞说："好弟弟，你真聪明。"

坐在里屋读书的父亲放下书本，走到屋外，看着司马光的眼睛问："这核桃仁是你剥的吗？"司马光的脸一下子红了，低下头说："不是。"父亲说："一个人聪明是好事，但要老实。说谎、骗人不是好孩子，我希望我的儿子做个老实人。"司马光连忙认错，从此再也不撒谎了。

成长启迪：

小孩子一次两次说谎是正常的，但是长期说谎话那就说明有问题了。作为家长，要及时教育孩子，千万不可掉以轻心，因为一次纵容与放纵，就会让孩子存有侥幸心理，长此以往，孩子就习惯了撒谎。司马光的父亲说得好，一个人聪明是好事，但如果光有聪明而不老实，那他就是一个残缺的人，一个让人感到可怕的人。

1038年3月，19岁的司马光考中了进士，也因此取得了做官的资格。发榜以后，朝廷为新考中的进士们举行了一次盛宴，每位进士的胸前都披戴丝绸扎成的大红花，大家都为考取进士而高兴，有的还喝了个酩酊大醉，惟独司马光的态度和平常一样。

司马光考取进士以后，有一年，他到并州（即现在的山西省一带）做官。并州邻近强大的西夏国，那里战事不断。为了防御西夏的入侵，麟州知州武戡向司马光建议，在黄河以西的地方修筑两个坚固的堡垒。于是司马光便向他的上司庞籍报告了此事，庞籍也很快同意了这个建议。

司马光便选派了军官郭恩秘密渡过黄河去修建这两个堡垒。

郭恩狂妄自负，没有对西夏的情况进行了解，便喝得醉醺醺地带着1000多人渡过黄河去修堡垒，结果士兵们刚渡过河，便遭到西夏军队攻击，1000多人全部战死。

消息传到京城以后，朝廷便免去了庞籍的职务，这时的司马光想起父亲曾经说过的话："我希望我的儿子做个老实人。"司马光认为这个错应该归于自己，不能让庞籍为自己背黑锅，于是他便主动向朝廷写信表示愿意承担责任。为这事好多人说他是个笨蛋，但司马光一点都不觉得后悔，反而因为放下了心理包袱而感到轻松。

皇上不仅没有责怪司马光，反而嘉奖了他的忠诚。司马光觉得皇帝是个明君，从此更珍惜自己的名声，谨遵父亲的教诲，一心为朝廷效力，最后终于成为了德高望重的朝廷要员。

苏轼：一副对联让他发愤苦读

一天，这位老爷爷手拿一本书，登门对苏东坡说："本人才疏学浅，特来向小苏公子求教。"苏东坡接过书一看，不但这本书没听说过，而且还有许多字不认识，顿时脸红了。老翁捋着白胡子激他道："苏公子，你不是'识遍天下字，读尽人间书'了吗？怎么会不识此书之字？"苏东坡惭愧极了，从此，他手不释卷，朝夕攻读，虚心向老师求教。

Su Shi

[古之立大事者，不惟有超世之才，亦必有坚忍不拔之志。——苏轼]

苏轼（1037~1101），字子瞻，号东坡居士，四川眉州人，与父亲苏洵、弟弟苏辙合称“三苏”，宋代著名文学家，他在书法、绘画、医药等方面都有卓越建树。

苏轼出生在书香门第，他的父亲苏洵饱学诗书、通今博古，可是苏洵在年轻时并不刻意追求功名，而是喜欢远游。

母亲程氏出身书香门第，父亲出门远游的时候，母亲就督促两个儿子读书上进，经常教导孩子应从小立下报效祖国的大志。有一次，她给苏轼讲解《后汉书·范滂传》，当讲到范滂因反对宦官专权而被捕，范母大义凛然，临刑前还教导儿子以气节为重时，苏轼感动得哭了，他天真地问母亲:“我也要做范滂，母亲您会支持我吗？”母亲把苏轼抱在怀里，坚定地说：“那我就学范母，支持你。”

苏东坡自幼天资聪颖，从小养成勤学好问的习惯，有一股打破沙锅问到底的劲头。经过几年发奋努力，苏轼学业大有长进，别看年纪小，读的书可不少，也能出笔成章了，亲友都称他是个难得的“神童”。

在一片赞扬声中，他不免有些飘飘然。挥笔写下“识遍天下字，读尽人间书”的对联，贴在自家门前。有一天，有位白发老爷爷路过，看到这副对联，感到这位苏公子过于自信了。

第二天，这位老爷爷手拿一本书，登门对苏东坡说:“本人才疏学浅，特来向小苏公子求教。”苏东坡接过书一看，不但这本书没听说过，而且还有许多字不认识，顿时脸红了。老翁捋着白胡子激他道:“苏公子，你不是‘识遍天下字，读尽人间书’了吗？怎么会不识此书之字？”

苏东坡惭愧极了，立即提笔来到门前，在那副对联的上下联前各加了两个字，使对联变成:“发愤识遍天下字，立志读尽人间书。”

从此，他手不释卷，朝夕攻读，虚心向老师求教。那时候的文章都没有标点符号，而要全篇背诵，先要学会断句，这样可以检验学生是不是真正理解了文章的含义。背诵是一个苦差事，为了加深理解，便于记忆，苏轼把整本书都抄下来，边读边抄边理解其中的妙处。等到把整本书抄完，其中的寓意典故已经了然于胸。

苏轼的文学造诣日见深厚，终于成为北宋文学界和书画界的佼佼者，博得了“唐宋八大家”之一的盛誉。

对于当年的那位老爷爷，苏轼始终心存感激。他常旧事重提，提醒孩子，也提醒后人，无论何时何地都要懂得谦虚上进，不可骄傲自满。

成长启迪：

山外青山楼外楼，强中更有强中手。苏轼当年的那副对联明显有点少年轻狂的味道，幸好，一位老翁的点拨让他翻然醒悟。知错就改，虚心求教，这是每个人都应具备的学习态度。现在的一些孩子由于过分受到家长的宠爱，而变得骄纵狂妄，不可一世。他们通常听不得别人的善意提醒，甚至“老虎屁股碰不得”，这对自身的健康成长相当不利。

岳飞：
周师傅引领他走上武术之路

有一天他砍柴回家，路过邻村，发现村边柳林里开了一家武学馆。他按捺不住好奇心，站在窗外侧耳倾听。老师在学馆侃侃而谈，历代兵家得失，讲得头头是道。岳飞马上就被吸引住了。这位老师叫周侗，岳飞恨不得马上拜他为师。

Yue Fei

[莫等闲，白了少年头，空悲切！——岳飞]

岳飞（1103~1142），字鹏举，河南汤阴人。南宋抗金名将，我国历史上著名的民族英雄。他精忠报国的决心，威武不屈、视死如归的精神，受到炎黄子孙的崇敬和爱戴。

传说岳飞出生时，一只大鹏在岳家上空盘旋许久，伴随着孩子的第一声啼哭，展翅高飞，直入云霄。父亲岳和觉得这孩子将来一定有出息，就给儿子取名叫岳飞。

穷人的孩子早当家，岳飞五六岁时就到山坡砍柴割草，帮助家里干活。到了该上学的年龄了，家里太穷，没法供岳飞上学，母亲把家里仅有的一点钱给岳飞，对他说："孩子，家里穷，没钱让你去学堂上学，这点钱你拿着去镇上买纸笔，娘教你识字。"岳飞拿着钱去了镇上，过了一会儿岳飞回来了，他把钱还给母亲说："娘，纸和笔太贵，我没买，我到河边折了柳枝，挖了点沙子，您看，沙子摊在地上不就是纸吗？您就可以在上面教我写字了。"岳母欣慰地说："孩子，你从小就这么懂事，长大了一定会有出息。"岳飞就这样在沙子上学会了写字。过了不久岳飞已经认识了许多字。

有一天他砍柴回家，路过邻村，发现村边柳林里开了一家武学馆。他按捺不住好奇心，站在窗外侧耳倾听。老师在学馆侃侃而谈，历代兵家得失，讲得头头是道。岳飞马上就被吸引住了，向村民一打听，才知道这位长辈叫周侗，不仅书教得好，而且武艺高强，尤其擅长射箭，还精通兵法。岳飞一听，恨不得马上拜他为师。

有一天同村的几个孩子也想去拜周侗为师，叫上岳飞一起去。周侗看了看几个孩子的身架，试了试力气，最后他笑眯眯地问："你们学武是为了做什么？"

孩子们有的说是为了将来能考上武举人，当大官；有的说为了打抱不平；还有的说是父母让来的；只有岳飞一言不发。周侗听了大家说的话，只是微微地摇着头，他很和气地问岳飞："你为什么不说呢？"旁边有个心直口快的孩子抢着说："他家没钱供他学武！"周侗说："没关系，只要是好孩子，我可以不收学费。"小岳飞朗声说道："国家太平，我在乡间可以帮助那些受欺压的穷人；如果边关有胡人入侵，我愿征战沙场，尽忠报国！"周侗赞许地点点头。师傅为了考验他的恒心，让他先练习目力。

岳飞每日黎明即起，来到山坡上，这时东边的天际已露出微微的红光，他迎着冉冉升起的红日，默数一个转动的风轮。开始时，太阳射出的万道金光，就像万枚金针直刺他的眼睛，根本就睁不开。慢慢地，经过数百天的风吹日晒，岳飞练成了“火眼金睛”。天际边飞过大雁，哪怕只是一个黑点，他也可以一举命中，几百步外树上的小蝉，也成了他的靶子。

周侗见他是可造之材，就将他收为义子，将自己的全部武艺毫不保留地传授给岳飞。经过师傅悉心调教，加上自己的勤学苦练，岳飞的武艺进步神速。他十八般武艺样样精通，300斤大弓张弓射箭百步穿杨，研习《孙子兵法》成竹在胸。

面对金兵的疯狂入侵，岳飞满怀救国的激情，多次抗金取得胜利，成为了一代名将，后来却被主张卖国的皇帝和奸臣秦桧以莫须有的罪名杀害了。

成长启迪：

在岳飞的习武道路上，周师傅无疑起了一个启蒙作用。但是“师傅领进门，修行靠自身”，如果岳飞自身不努力，也就不可能在武艺上有所长进。这样的例子实在太多了。现如今，不少家长都想方设法为孩子找名师辅导，可是真正成功的又有多少呢？并不是名师水平不高，也不是孩子智商有问题，根本问题在于一些孩子缺乏主观能动性，疲于应对，被动教育，这样一来，再有名的老师也无法点石成金了。

文天祥：
父亲的一句话影响了他的一生

父亲指着窗外的竿竿修竹说："我生来最喜爱竹子，原因就在这里。竹子身可焚而不可毁其节，干可断而不可改其直。做人也要这样。""您放心吧，我和弟弟会像竹子那样去做人，即使遇到逆境，也绝不低头，绝不变节。"文天祥坚定地对父亲说。后来文天祥用他的一生印证了这句话。

Wen
Tianxiang

[人们都懂得用事物医治饥饿，却不知道用学习医治愚昧。——文天祥]

文天祥（1236~1283），字宋瑞，号文山，江西吉安人。南宋伟大的民族英雄和杰出的爱国诗人。他的“人生自古谁无死，留取丹心照汗青”的诗句，一直激励着人们为正义而奋斗。

文天祥的家乡山川灵秀，风光迷人。父亲文仪虽然满腹经纶，但是并不想做官，而把读书作为最大的乐趣。他亲自给天祥和弟弟授课，父子之间经常以问答的形式进行讨论，直到孩子们学会、弄懂。文仪还要求他们将书中的警句用纸条抄录下来，贴在书斋的墙壁上、书架上、柱子上。

文天祥兄弟日复一日地在名言警句贴得琳琅满目的书斋中苦读，水平提高很快。文天祥的父亲最喜爱竹子，他在院落内外栽了许多翠竹，还给书斋起名“竹居”。文仪经常亲自修整竹园，有时还画上几幅画或者对着翠竹吟上几句诗。他还经常与天祥兄弟谈论竹子的功用和性质，以启示他们做人要正直坚强。

一天，上完新课，面对窗外的青翠竹林，文仪问道：“你们兄弟二人想想竹子都有哪些用途，看看你们谁说得最多？”弟弟文璧抢先回答：“竹子可以做筷子，编篮子，能制床，做桌子、椅子，盖房子，扎扫帚，还可以做扇子、斗笠……”天祥接着说：“弟弟说得对。还有重要的一项是竹子可以制笔，可做成竹简。历史上的许多书都是写在竹简或刻在竹简上的，没有竹子，我们哪能知道古代那么多事情啊！”

“不错，你们说的都对，竹子的功用很大，而且它具有高尚的品格。你们可以说说吗？”父亲进一步发问。

“竹子历经风雪而不凋零，”弟弟文璧说，“别的花草一遇霜打风吹都枯死了，而竹子却依然挺立翠绿。古人称松、竹、梅为岁寒三友，说的就是这种不畏冰雪严寒的性格。”

“竹子无论在山地，还是在平原都能生长，它不要求很好的环境条件，”文天祥望着院子里的翠竹，“然而竹子质地却很坚硬，不管风吹雨淋，它都保持正直，从不肯低头弯腰！”

父亲听得频频点头，他指着窗外的竿竿修竹说：“我生来最喜爱竹子，原因就在这里。竹子身可焚而不可毁其节，干可断而不可改其直。做人也要这样。”

“您放心吧，我和弟弟会像竹子那样去做人，即使遇到逆境，也绝不低头，绝不变节。”天祥坚定地对父亲说。后来文天祥用他的一生印证了这句话。

1276年，元军打到南宋都城临安（今杭州）附近，南宋朝廷一片混乱。元军想不战而灭亡南宋，坚决要求南宋派宰相来与之谈判。怕死的宰相陈宜中溜走了，文天祥为了暂时保住临安，明知是虎口，仍不顾个人安危，挺身而出，以左丞相的名义去敌营中与元军首领伯颜谈判。在谈判中，他大义凛然，毫不畏惧，坚持要元军退兵。文天祥以他的声望和反元决心，被伯颜视为心腹大患。谈判目的没达到，元军就将文天祥扣留下来，押往北方。

在途中，文天祥冒险逃脱，辗转流离，几经生死，最后到了福建，再次组织了抗战队伍，担当起抗元复国的重任。1277年，进攻江西，收复了好几个州县，使江西掀起了抗元斗争的高潮。

但终因势单力孤，在江西的活动失败，转战到了广东。后遭到元军突袭，抵御不及，很多将领壮烈牺牲，文天祥被俘，又被押送北方。

1279年，元军逼迫他写信劝降保卫崖山的南宋将领张世杰，他坚决拒绝，并写了一首七律叫元将给张世杰，这首诗就是著名的《过零丁洋》。当时的元军统帅看了这首诗后，也对文天祥的凛然大义大加赞叹。

后来他被押送到大都（今北京），此后三年中，元朝统治者多次对他威逼利诱，他想起父亲小时候给他说过的那句话，爱国之心始终没有动摇。1283年，慷慨就义。他的崇高气节数百年来一直受到人们的景仰，激励了无数的仁人志士。

文天祥也是南宋末期的一位重要诗人，他诗歌中最动人的作品，是《指南录》、《指南后录》、《吟啸集》，这些诗记录了他后期种种生活经历，表现了他强烈的爱国精神和民族气节。其中最著名的就是他的《过零丁洋》和《正气歌》，发自肺腑，感人至深，具有极强的感染力，为后人所传诵。

后人评价文天祥“生为人杰，死为鬼雄”。他的确堪称是刚直不阿的竹子，身可焚而不可毁其节，干可断而不可改其直。

成长启迪：

父亲将竹子与做人联系在一起，这样的比喻生动而贴切，起到了不同凡响的教育效果。也难怪儿子文天祥对父亲的话念念不忘，他的一生也充分印证了父亲的这句话。联想到现在的家庭教育，一些家长教育孩子的方式通常比较简单、生硬，大道理讲了一大堆，孩子听不进，记不住，甚至还会产生逆反心理，明显有点吃力不讨好。但愿文天祥父亲的家教经验能给一些家长带来启迪。

郑和：父亲的故事让他大开眼界

作为伊斯兰教教徒，祖父和父亲的最高理想是去麦加朝圣。过了两年多，祖父和父亲终于从麦加朝圣回来了。小郑和一有空就缠着他们讲外面的世界。父亲的故事开阔了他的眼界，原来人们的生活和环境是如此不同。郑和想，他长大了也要当旅行家。他的梦想终于在多年后得以成为现实。

Zheng He

[心中无梦，即无谓成功。——郑和]

郑和（1371~1433），小名三宝，云南昆明人。我国著名航海家、探险家。他带领帆船队，七次出海远航，到过30多个国家和地区，最远到非洲东海岸和红海海口，创造了当时世界航海史的奇迹。

郑和的家庭是回族，可是他接受的是汉文化教育。他的家境富裕，父亲为他请了教书先生，学习儒家经典。

作为伊斯兰教教徒，祖父和父亲的最高理想是去麦加朝圣。过了两年多，祖父和父亲终于从麦加朝圣回来了。小郑和一有空就缠着他们讲外面的世界。父亲的故事开阔了他的眼界，原来人们的生活和环境是如此不同。郑和想，他长大了也要当旅行家。

当时，朱元璋的起义军刚刚推翻元朝的统治，明朝的军队和元朝的残余武装在云南展开激战。郑和的祖父和父亲死于战火，10岁的郑和被带到明朝的一位侯爷府中，当了小太监。经过一年多的训练，又把他送给朱元璋的第四子燕王朱棣。

刚开始他是最低等的小太监，干些扫地、倒马桶的粗活。原本一个娇生惯养要别人伺候的孩子，现在却要挨打受骂去伺候别人，他心里很委屈。可是他再一想，已经沦为太监，与其怨天尤人，不如安下心来，或许还有出头的机会。

十几岁的小郑和，聪明伶俐，又会读书写字，很快赢得朱棣的信任。在朱元璋众多的儿子中，朱棣的战功卓著，他扫平了元朝在北方的残余势力，统一了北方各省。朱棣原以为自己会顺理成章地继承皇位，没想到朱元璋把皇位传给了长孙朱允文。朱棣决心夺回皇位。

南京的朱允文惟恐四叔朱棣造反，派了军队到燕京监视朱棣，朱棣一时无法和他的智囊们取得联系，就派郑和出去送信。郑和把朱棣的亲笔信塞进一节小竹棍，绑上一块石头，沉在马桶里，骗过监视人员，与智囊们接上头，又带回了他们的建议。经过血腥的较量，朱棣终于坐上了龙椅。

在朱棣夺取政权的日子里，郑和一直从中穿梭送信，立了大功。朱棣当了皇帝以后，就问他："你帮了朕许多忙，你想做什么官，要多少财产，尽管说。"

"我什么都不要，我想去西洋旅行，请万岁支持我！"长大后的郑和没有忘记祖父和父亲为他勾勒的外面绚丽的世界，执意要出门“看看”。

郑和的回答出乎皇帝意料，但他还是同意了郑和的请求。

经过几年的休养生息，皇帝下令组织大型船队。1405年7月，郑和小时候要当旅行家的梦想终于得以实现，他也因此成为了那个时期最伟大的航海家和探险家。

成长启迪：

小郑和足不出户，就从父亲的故事中“领略”了外面世界的精彩。他的一生都在为寻找外面的世界而努力。有梦就去追，这样的人生才显得精彩。而现在的一些孩子也都有梦，有梦想当科学家的，有梦想成音乐家的……可是却很少有落实到具体行动上的，稍微有一些挫折就知难而退了，结果梦想多半就成了幻想。

王冕：美丽的风景让他怦然心动

大自然就像一幅美丽的图画。王冕心中一动："这么美的风景，这么美的荷花，请画工画下来该多么美呀。"转念又一想："天下没有学不会的事，我为什么不试试呢！"这一试他自己也没有想到，竟然与绘画结下了不解之缘。

Wang Mian

[不要人夸颜色好，只留清气满乾坤。——王冕]

王冕（1287~1359），字元章，浙江诸暨人，自幼刻苦学习，自学成才，成为元代著名画家和诗人。

王冕从小就十分聪明，可是家穷没法上学。远远听到私塾琅琅的读书声，看到有钱人家的孩子蹦蹦跳跳去上学，王冕心里很羡慕。父亲农活忙不过来，就让小王冕去放牛。他牵着牛走出村口，来到一片草地上，先让牛吃一会儿草，然后找棵树把牛一拴，就跑到村里的私塾去了。原来他发现躲在窗外，一样可以听见先生教书，这可是他的秘密，已经很多次了。

有一天，先生在里面教，他在外面的地上写着画着，不知不觉太阳就下山了。王冕赶紧往草地跑，坏了，怎么牛不见了，王冕急得大喊大叫也没找到，最后只好硬着头皮回家。不用说，父亲把他痛打一顿，还好，夜里牛自己回家了。可是去私塾听课的事也暴露了，当然也去不成了。母亲看他这样爱学习，家里又没钱点油灯，就鼓励他去寺庙里读书。于是，他就每晚坐在佛像的膝上，借着长明灯的光亮读书。

一个夏日的午后，王冕在湖边放牛，突然乌云密布，狂风大作，倾盆大雨从天而降。过了不一会儿，雨过天晴，云开雾散，太阳从云层中射出万道霞光，把湖面映得通红，周围的树木苍翠欲滴，绚丽的彩虹挂在天边。满湖的荷花，有的开得正艳，粉红色的莲花摇曳生姿；有的含苞欲放，花苞上清洁的水滴晶莹剔透。碧绿的荷叶上，反射着五彩光芒的水珠滚来滚去。大自然就像一幅美丽的图画。王冕心中一动："这么美的风景，这么美的荷花，请画工画下来该多么美呀。"转念又一想："天下没有学不会的事，我为什么不试试呢！"他压根儿也不会想到，这一试竟然与绘画结下了不解之缘。

他托人从城里买了一些颜料，让牛在一边吃草，他坐在湖边学画荷花。开始时画得不像，他没有气馁，画到3个月后，已经是栩栩如生了。看着那画儿，去掉那张纸，花儿就像是在湖里长着；在那纸上，又像是刚从湖里摘下花儿来贴在纸上。许多人见了都说好，纷纷来买他的画。在这以前，画国画要先用线条勾画出轮廓，而他是直接用颜色或水墨来画花卉，叫没骨花卉。

王冕后来经过刻苦学习，成为元代著名的画家和诗人，他的作品跟

成长启迪：

不可否认，王冕自小有一种绘画的天赋，美丽的风景让他萌生出了一种绘画的冲动，但是一个人光有聪明劲儿而不去努力是不会取得事业上的成功的。王冕的成功应该说是天赋与勤奋相结合的结果。如今的孩子智商其实都不错，之所以没有成才是因为一些孩子自恃聪明，而不去用功学习，结果是聪明反被聪明误。

现实生活特别贴近，这是因为他善于观察的结果，也跟他小时候那个偶然的“发现”分不开，正是美好的大自然让王冕爱上了绘画，并成为了画界的大家。

王冕一生爱好梅花，既种梅，又咏梅，还画梅，还擅画竹。他的气节也像傲雪凌霜的梅花，蔑视权贵，视功名利禄如粪土，受到人们的尊重。

唐伯虎：
祝枝山的引见让他走向成功

有一天，祝允明来到唐伯虎的书房里，看到唐伯虎的几幅画以后，觉得他画得很好，于是便推荐一位名叫沈周的画画的朋友当唐伯虎的老师。沈周仔细地看过唐伯虎的画稿以后，给他指点了一番，然后又将他引荐给一位擅长人物画的画家周臣。没几年，唐伯虎的诗、书和画都有了长足的进步，渐渐地有了名气，他成了远近有名的才子。

Tang Bohu

[光阴真是过隙驹，绿鬓看看成皓首。——唐伯虎]

唐伯虎（1470~1523），原名唐寅，生于苏州，明代著名画家，位列江南四大才子之首。

唐伯虎从小聪明，但是他的聪明却总是不用在正道上，常常跟远近闻名的“狂生”张灵在一起喝酒闲玩，惹出一些是非。父亲开了一个小酒店，没有时间管他，只好放任自流。

著名书法家祝枝山来店里喝酒，他的风度举止让唐伯虎为之倾倒。一天祝枝山又来到唐伯虎家的小酒店，唐伯虎跑上去一会儿问这一会儿问那。父亲见了就想，这个小家伙既然对祝枝山这么崇拜，我为什么不让祝枝山教他学习一些东西呢？等到唐伯虎不在的时候，父亲把心里话跟祝枝山说了出来。

“祝公子，我们伯虎这么佩服你，你能不能帮我管一管他，让他把聪明用在读书上来！”

“既然老伯这么看得起我，那我就试试吧。”

在祝枝山的引导下，唐伯虎开始认真地读起书来。有一天，祝枝山来到唐伯虎的书房里，看到唐伯虎的几幅画以后，觉得他画得很好，于是便推荐一位名叫沈周的画画的朋友当唐伯虎的老师。第二天，唐伯虎带着自己认真画好的画稿跟着祝枝山来到了沈周家。沈周仔细地看过唐伯虎的画稿以后，给他指点了一番，然后又将他引荐给一位擅长人物画的画家周臣。没过几天，唐伯虎带着沈周的信去找到了周臣，周臣看完信以后，又看了看唐伯虎的画，觉得这个年轻人很有发展前途，便收下唐伯虎做了学生。很快地他又结识了明代书法家和画家文征明，以及诗人徐祯卿等一批有才学的人，他常常和这些人在一起探讨学问、吟诗作画。没几年，唐伯虎的诗、书和画都有了长足的进步，渐渐地有了名气，他成了远近有名的才子。

29 岁那年，在省城南京举行的乡试中他以优异的成绩取得了第一名。从此便得了江南才子的美名。第二年，他和一位名叫徐经的人一起坐船到京城去考试。

试考完以后，唐伯虎对自己信心十足，他高高兴兴地等着金榜发下来。可是发榜的前一天，几个差役突然来到他和徐经的房间里，二话没说，便把他们绑了起来，关进了监狱。这突然的灾祸把唐伯虎弄得莫名其妙，后来在提审的时候，他才弄明白，原来是徐经在考试之前，买通了程敏政的家仆，家仆把试题透露给了他。结果金榜还没有揭晓事情便败露了。

可是在这个事件中唐伯虎是无辜的，但是不管他怎么申辩都没有用。朝廷取消了他的名籍，这样一来他一生中再也不能参加科举考试了。回到家乡的唐伯虎遭到了人们的冷眼，就连他的妻子都背弃他回到娘家去了，他常常借酒消愁，然后借着酒兴画画写诗。有一天，他画了一幅秋风执扇图——一位青年女子，手拿一把扇子，站在岩石和一丛灌木旁。女子的孤单和背景的凄凉，无不代表了当时唐伯虎的心情。他在画的一角题了一首诗："秋来执扇合收藏，何事佳人重感伤？请把世情详细看，大都谁不逐炎凉。"

后来唐伯虎积攒了一些钱，便开始游历中国名山大川，在游山玩水过程中唐伯虎不仅开阔了视野，同时也使他心情好了不少。游玩归来，唐伯虎重新整理思想，他的画越画越好。一个叫做九娘的女子十分欣赏他的才华，就嫁给了他。从此他们在苏州的桃花坞住了下来，靠卖画为生。

南昌的宁王朱宸听说唐伯虎的画画得好，便请唐伯虎到他府上去为他画画。唐伯虎刚到宁王府，宁王便叫来了九个貌如天仙的女子，让唐伯虎为她们画像。两个月后，九个女子的画像画好了，宁王很高兴，便设宴招待了唐伯虎。酒后，唐伯虎得知宁王要将这些女子的像送到皇帝那里去。唐伯虎原以为这九个女子是宁王的小妾，没想到宁王是在为讨好皇帝而选送民间女子。唐伯虎大为反感，借酒装疯地逃出了宁王府。唐伯虎回到家里不久，宁王发动了叛乱，最后兵败被杀。唐伯虎虽然幸免，但是再也不画仕女图了。

唐伯虎的故事在民间流传很广，他是一位深受人们喜爱的艺术家。

成长启迪：

一个人的成功离不开别人的关心和帮助。唐伯虎正是在祝枝山的引见下，当上了画家周臣的学生，一步步走上了绘画的成功之路。当然，唐伯虎的成功除了得益于"贵人"的提携，还在于他自身的勤奋与努力。如果一个人没有真才实学，又不肯用功读书，别人再多的提携也无济于事。

吴承恩：一本书让他产生了写作的念头

一天，他偶然找到一本叫《大唐三藏取经诗话》的书，喜出望外。书中把唐代高僧玄奘到“西天取经”的故事和神话联系起来，写得千奇百怪，生动有趣，把吴承恩带入一个奇异的世界。从此，写一本长篇取经故事的想法就在他的心头产生了，虽然那时的吴承恩还很年轻。

Wu Cheng'en

[那些有德行、智慧、学术和才智的人，往往来自艰危的处境。——吴承恩]

吴承恩（约1500~1582），字汝忠，号射阳山人，明代小说家，著有《西游记》。

吴承恩的曾祖父、祖父都在朝廷里做过官。可是祖父一死，他父亲吴锐就只能靠开个小铺维持生活。闲来无事，吴锐就给少年的吴承恩讲故事。他听得非常认真，听到英雄们克服重重阻力，最后终于建立功勋，他会激动得满脸通红；听到好人受到冤枉，他就难过得愁容满面。到了读书年龄，吴锐送他到学堂。在很短时间里，吴承恩写的诗文就受到了旁人的称赞，一些有名望的人都让自己的儿子跟吴承恩做朋友，当地一个很有名望的人断定吴承恩将来一定能有所作为。吴承恩的名气很快传开了。

少年吴承恩偏爱看新鲜有趣的闲书。特别是神话故事，直看得入迷。一次，吴承恩在课堂上看闲书被老师发现了，老师没收他的闲书，并当众惩罚了他；老师认为这些闲书写的都是荒唐事，不能帮助考试取得高分。可是吴承恩在读那些闲书中，体会到一种从来没有过的快乐。他背着老师和家人，读自己喜爱的书，有时候还走街串巷，去搜寻那些记述神仙鬼怪的民间神话和传说。一天，他偶然找到一本叫《大唐三藏取经诗话》的书，喜出望外。书中把唐代高僧玄奘到“西天取经”的故事和神话联系起来，写得千奇百怪，生动有趣，把吴承恩带入了一个奇异的世界。从此，写一本长篇取经故事的想法就在他的心头产生了，虽然那时的吴承恩还很年轻。

吴承恩的家境日渐困难。为了度日，成年以后，不得不和其他读书人一样参加科举考试，想弄个一官半职，养活一家人。也许是造化弄人，一连参加几次会考，都名落孙山。吴承恩想到自己是一个名气很大的才子，竟连年不中，而别的读书人学识没有自己高，却考取了，不禁又羞又怒，病倒在床上。在病中，吴承恩心灰意冷，对科举考试再也没有兴趣，他暗下决心，再也不读那些圣贤书了。如果看见朋友为参加科举考试拼命读书，他就会幽默地对朋友说：我赠你一个治疗功名病的良方，拿上你家的酒杯喝酒去吧。在吴承恩看来，与其辛苦地准备应付科举考试，还不如痛痛快快地喝酒。

连吴承恩自己也没有想到，他一个书生，竟拿起刀枪，和来犯的敌

成长启迪：

因为读书而萌发写书的念头的事例实在太多了。金庸就因为读了一本武侠小说而成了一位著名的武侠小说家。吴承恩因为一本《大唐三藏取经诗话》而萌发了写作《西游记》的念头，并最终走向了成功。现如今，之所以出现了一大批少年作家，就是因为这些孩子平时喜好阅读课外书籍。书读多了，灵感自然也就有了。

人打起仗来。

有一年，倭寇骚扰淮安。吴承恩知道后，马上找到朋友沈坤，两个人四处奔走，号召人们练兵备战。很快组织了一支精干的乡勇队。吴承恩亲自做参谋。倭寇被赶走了。

吴承恩在62岁的时候才时来运转，终于被选为长兴县的县丞，帮助知县做事。因为他为人耿直，不会趋炎附势，才过两年，上司便找了一个借口把他辞退了。

吴承恩的老年孤单而贫穷。可是他并不灰心，凭着一身正气和才华，顽强地生活着。在晚年时候他推崇杜甫和廉颇。认为杜甫虽然贫穷，可人们都公认他为诗圣；廉颇虽老仍能上阵打仗。他虽然年老，但还雄心勃勃，要做一番大事业。

经过几年的收集整理，在71岁那年，吴承恩开始写他年轻时就想写的书。他把书名定为《西游记》。这本充满神奇色彩的神话故事的小说，使他的名字留在了文学史上。《西游记》把人们带进了一个新奇神秘波澜起伏的世界。写完这本书以后的吴承恩已经80多岁了，他心满意足地离开了人间，留下了一个跌宕起伏、生动有趣、绚烂多姿的神话世界。

李时珍：落榜给了他一次新生

李时珍14岁时考取了秀才，可是他实在厌倦那些八股文，考举人时他名落孙山。于是他要求父亲让他学医。事实证明，他的选择是对的，试想如果李时珍不是因为落榜，也不可能厌恶科举而选择医学，更不可能有后来的《本草纲目》。

Li Shizhen

[时间不能增添一个人的寿命，然而珍惜光阴可使生命变得更有价值。——李时珍]

李时珍（1518～1593），字东璧，号濒湖，湖北蕲春人，明代杰出的医药学家。被世人尊称为“药圣”。

李时珍家世代行医，祖父是“铃医”，经常背着药箱，手摇铃铛，不管寒冬酷暑，还是刮风下雨，走村串乡给人看病。李时珍的父亲李言闻，是位声名远播的名医。生长在这样的人家，李时珍耳濡目染，从小就对医学产生了强烈的兴趣。在那个年代里，医生的社会地位并不高，“医卜星相”，医生和那些占卜看相、算命测字的人一样，被当做“下九流”对待。父亲希望儿子参加科举考试，将来取得一官半职，也好光宗耀祖，改换门庭。

李时珍14岁时考取了秀才，可是他实在厌倦那些八股文，考举人时他名落孙山。他要求父亲让他学医，写下“身如逆流船，心比铁石坚。望父全儿志，至死不怕难”的诗句，父亲只好答应他学医了。事实证明，他的选择是对的，试想如果李时珍不是因为落榜，也不可能厌恶科举而选择医学，更不可能有后来的《本草纲目》。

其实，李时珍很小就跟着父亲上山采药，什么草药治什么病，他都知道，他还偷偷地把家中的医书全部看完了。在父亲的指导下，他的医术有了很大进步，为了学到更多的知识，他外出游医。

有一次他到武昌，听说楚王7岁的儿子得了一种怪病，喜欢吃蜡烛的灯花，已经昏迷不醒了。李时珍进了楚王府，楚王一看是个年轻人，就有些不信任。李时珍问过病情，确认是肚里的虫子在作怪。他看了其他医生开的药方，多是用一些补药，越吃补药，那些虫子当然就养得越壮。他大胆地使用了一般医生不敢用的催吐和泻药。

小王子吃了药，上吐下泻，还发烧、说胡话。楚王急了，要拿李时珍问罪。

李时珍心里有数，他说：“我用的是驱虫药，虫子肯定要挣扎，王子呕吐、发烧、说胡话，说明虫子快死了，王子再服两服药就好了。”小王子再次睡醒以后，果然恢复了精神。

李时珍跟父亲学医十分勤奋，医术越来越精。很快，他的医术就远近闻名了。

有个知书达理的乡绅被李时珍治好了多年的顽疾，又听了李时珍放弃科举学医的故事，不无感触地说："其实当一个一流的医生比当一个末流的进士更受人尊敬。"李时珍微微一笑，他早就明白这个道理了，也正因为如此，他才走上了行医的道路。

虽然已经小有名气，但李时珍并没有就此而满足。一次，李时珍的一位病人吃了他开的一服药以后，病情反而加重了。李时珍相信自己的药方没有开错，就去检查病人的药渣，发现药铺配错了药，原因是药铺使用的本草书有错误。这件事深深触动了李时珍，使他萌生了编写《本草纲目》的念头。

33岁时李时珍经人推荐到楚王府里去主管医务。他在这里继续研究医药学。第二年，正式动手编写《本草纲目》。过了几年，朝廷选太医，李时珍被选上了。当时太医院被道士把持，李时珍修本草的愿望无法实现，他暗暗觉得好笑，自己当年就因为不想走仕途才学医的，为何到这份儿上，还为了五斗米而折腰呢？不到一年，李时珍就辞职回家了。

李时珍回家后继续修订《本草纲目》。他带着学生和儿子一起外出考察，行程上万里，历时27年，终于写成了医学巨著《本草纲目》。《本草纲目》共52卷，记载了1892种药物，每种药物都详细记载了产地、外观、性味、功用和采集制作的方法。书中还附有1160幅插图和11000多个药方，书中的植物分类法比西方早了100多年。最可贵的是，书上记载的绝大部分药物都经过了李时珍的反复验证。

为了验证这些药物的功效，李时珍常常在自己身上进行试验。一次，有人用门板抬来一个摔伤的病人，李时珍发现他的大腿骨断成了三截。为保险起见，李时珍让徒弟去请当地著名的正骨专家徐医生来治疗。徐医生和两个助手给病人进行腿骨复位时，病人连声惨叫，最后竟疼得昏死过去。看到病人如此痛苦，李时珍心里十分难受，决心找到一种有效的麻醉方法。他听说曼陀罗花有麻醉作用，就决定在自己身上试试它的功效。但曼陀罗有一定的毒性，弄不好会有生命危险，徒弟劝他在病人身上试，但李时珍不肯，他要亲自体会服用这种药的感觉。

李时珍吩咐徒弟，在药力发作时，用针扎他的穴位，然后用刀划他的手。李时珍称出一些曼陀罗花粉，用黄酒冲服后，觉得有些头晕，就让徒弟扎他。徒弟一针下去，李时珍感到手上一阵钻心的疼痛，他知道

成长启迪：

落榜对一个人来说是一件不幸的事儿，可是对于李时珍来说却未免不是一件幸运的事，因为他讨厌八股文，他的个性决定了他不善于走仕途。落榜后，他终于发现医药事业才是自己的最爱。事实也证明了他的选择是对的。所以说，成长的道路上遭受点挫折没有必要一蹶不振，说不定这就是你成功的预兆，毕竟条条大路通罗马！

是药的剂量不够，又服下一些药。过了一会儿，他慢慢丧失了意识，昏睡过去。徒弟用针扎他，用刀划他，他一点感觉也没有。用这种方法，李时珍弄清了曼陀罗花的服用量。

为了编写《本草纲目》，李时珍几乎读遍了他能读到的所有古代医书，并且到各地考察，行程上万里。开始写这本书时还是一个30出头的青年，书写成时他已经成了一个60岁的老人了。可以说，这本书凝聚了李时珍一生的心血。

然而在他完成《本草纲目》之后，却没有钱把它印出来。为了让这本书尽早和世人见面，李时珍在南京城奔波了很久，但那些书商认为刻印这种书不赚钱，没有一个愿意刻印。一些急需《本草纲目》的人见书迟迟没有印出来，就动手把它抄下来。《本草纲目》最早的时候就是以手抄本的形式流传开的。直到1596年，一位喜欢藏书的人认识到了《本草纲目》的价值，才出钱把它刻印出来。遗憾的是，李时珍在三年前已经离开了人世。

《本草纲目》是李时珍科学精神与科学实践的结晶，是他倾注毕生心血的成果，全书共52卷，是中国医药史上的一座丰碑，被誉为“东方医学巨典”。

戚继光：
父亲的话让他受益一生

戚继光的父亲得知这件事后，虽然觉得儿子除暴安良的出发点没有错，但仅凭匹夫之勇是做不成大事的，于是他就常对儿子讲，武将必须有舍身报国的气节，有身先士卒的勇猛精神。父亲的一席话使戚继光深受影响，他觉得父亲说得对，小打小闹不算真本领，大丈夫生于人世当顶天立地，武应安邦，文应定国。

Qi Jiguang

[养心莫若寡欲,至乐无如读书。——戚继光]

戚继光（1528~1588），字元敬，号南塘，山东蓬莱人。明代抗倭名将，杰出的军事家，横扫倭寇如卷席，被誉为我国“古来少有的一位常胜将军”。

戚继光的父亲是明朝的将军，戚继光出生时，他的父亲已经56岁了。父亲戚景通老年得子，对小儿子十分喜爱，他给儿子起名继光，就是希望他将来能继承和光大自己的事业。

戚继光小时候长得瘦小黝黑，但他人小鬼大，敢作敢为，性格顽皮但有侠肝义胆，是孩子们的头儿。由于从小练武，他的力气大，胆子也大。他最看不惯的，就是有些小恶棍仗势欺人、恃强凌弱。

当时城里有个官宦子弟，外号“小黑霸”，仗着身高力壮，动不动就欺负别的孩子。有一次大家做游戏，有个孩子顶了“小黑霸”几句，就被他掀倒在地，揪住那个孩子的头发骑在胯下，还逼着学狗叫。小继光正好路过，见这家伙又在欺负人，气不打一处来，冲上前去抡拳头把那家伙痛打了一顿，让“小黑霸”学了几声狗叫才解气。

戚继光的父亲得知这件事后，虽然觉得儿子除暴安良的出发点没有错，但仅凭匹夫之勇是做不成大事的，于是他就对儿子讲，武将必须有舍身报国的气节，有身先士卒的勇猛精神。

父亲的一席话使戚继光深受影响，他觉得父亲说得对，小打小闹不算真本领，大丈夫生于人世当顶天立地，武应安邦，文应定国。

真是将门出虎子，戚继光遵从父亲的教诲，继承了戚家武风，从小练就了一身好武艺，刀、枪、剑、戟无所不通。更难得的是，为了能够像父亲所说的那样舍身报国，很小的时候他就喜欢读父亲的兵书，对战术兵法充满兴趣。

9岁时，戚继光就能“融泥作基，剖竹为竿，裁色渚为方垒，堆积瓦砾为阵垒，阵列阶所，研究变合，部伍精明，俨如整旅”，颇像现代的作战模型演练。读书之余，他经常领着小伙伴们操练阵式，演练兵法，俨然像一位小将军。他的这些表现，充分显示出他在军事方面的良好天赋。

戚继光17岁开始担任军职，转战南北。在浙江时，为抗击日本侵略者，他招募了勇敢的农民、矿夫共3000多人，编成新型军队。战斗队是基本战斗单位，队员按年龄、体质分别配备不同的兵器。打仗的时候，全队队员发挥各人的特长，配合作战，既能攻也能守，进退灵活，称为“鸳鸯阵”。经过戚继光的严格训练，新军队伍很快成为一支劲旅，人称“戚家军”。嘉靖四十年（1561），日本侵略者大举侵犯台州，戚继光率领部队九战九捷，歼灭敌军数千人，取得举世闻名的台州大捷。倭寇们心惊胆战，给戚继光取了个名字叫“戚老虎”。

戚继光终于超越了父亲，青史留名。

成长启迪：

年少的戚继光虽说人小鬼大，敢作敢为，但是他一身武艺如果不用在正道上，很可能就是废料一个。他的父亲教导他“武将必须有舍身报国的气节，有身先士卒的勇气”。父亲的这句话无疑规范了他的人生，成就了他的一生。

徐光启：
传教士让他对西方科学产生兴趣

一次，在翰林院供职的徐光启认识了利玛窦。从此，他开始接触西方的科学知识。他跟利玛窦学习天文、数学、历法、水利等学科。这使徐光启成为明代少有的学贯古今、兼通中外的科学家，是当时理解西洋文化并掌握西洋文化的第一人。

Xu Guangqi

[欲求超胜，必先会通。——徐光启]

徐光启（1562~1633），字子先，号玄扈，生于上海，毕生致力于介绍西方科学，同时注意总结中国的固有科学遗产，编成巨著《农政全书》，成为我国近代科学的启蒙大师。

徐光启于1562年出生在一个商人家庭，他出生时家境就已开始日渐衰落。父亲在他很小的时候送他进了私塾，私塾先生整天让他诵读四书五经，徐光启对此厌烦透了，有一次他一生气就把经书扔进了水缸中。父亲为此火冒三丈向他怒吼说：

“你怎么能这样不敬先贤的经典呢？”

“我实在是看烦了。”徐光启说。

“你这个样子怎么能科举中榜呢？”

父亲一怒之下就把他关在一间房子中作为惩罚。徐光启被关在了房中，他看到屋中的书架上有书，随手翻看起来。他越看越高兴，原来这都是一些诸子百家和历史方面的书。于是他就经常高兴地接受父亲的惩罚，以便能在那间房中翻看自己喜欢看的书。

在读书之外，他还经常跑到田里去帮父亲干农活，每次父亲都拦着他说：

“你快去读书吧，这里也用不着你帮忙。”

徐光启说：“做农活也是学习，我正好可以调节调节。”

正是从这个时候他开始对农学有了兴趣。他经常去田野向农民了解情况，收集了很多关于农业方面的知识，这对他以后的科学研究很有好处。

由于他兴趣广泛，厌恶科举，所以只考中了秀才。1581年他乡试不第，就在家乡教书养家，有时为了糊口，他甚至不远千里到外地去教书。

虽然厌恶仕途，但他还是别无选择，经过了多次的努力，他终于在1604年考中了进士，跻身于仕林。当时正好意大利传教士利玛窦来中国传教，一次，在翰林院供职的徐光启认识了利玛窦。

从此，他开始接触西方的科学知识。他跟利玛窦学习天文、数学、历法、水利等学科。这使徐光启成为明代少有的学贯古今、兼通中外的科学家，是当时理解西洋文化并掌握西洋文化的第一人。在与利玛窦相互交流的过程中，徐光启深切地感到西方的科学对我国非常有用，于是他开始动手翻译这些科学知识。他的治学范围很广泛，包括有数学、天文、

成长启迪：

徐光启的一生中，意大利传教士对他起到了至关重要的作用。他的关于西方的科学知识都是从传教士那儿学来的。难能可贵的是徐光启将西方科学知识与我国的具体实际结合起来，取得了巨大的成就。而现在的一些年轻人，在学习“舶来”知识的同时，理应懂得取其精华，去其糟粕。要真正做到洋为中用。

历法、水利、地理、火器制造等各方面，著述有60多种。他认识到数学是其他一切自然科学的基础，所以他和利玛窦两人合作共同翻译了欧几里得的六卷《几何原本》，这也是西方数学在我们国家得以传播的开始。后来，他还陆续翻译写成了《古算器释》等很多数学著作，从而使得我国传统的数学取得了非常卓越的成就。

除了翻译著作，徐光启还十分注意改进天文观测仪器，他曾提议建造三架望远镜用于观测天象，还曾主张用西方的大炮来抵御清兵。但是这些建议都未能被采纳。徐光启一生最大的成就还是在农业方面，他总结了我国古代农业的生产经验，同时吸收了西方的科学技术，编写成了鸿篇巨制《农政全书》。这是一部关于中国古代农业方面的百科全书，反映了明代农业的最新发展。书中介绍了农本、水利农器、树艺蚕桑、种植、牧养等农业的各个方面，集中和保存了我国古代农业的经验，受到了世人的高度评价。

正是在传教士利玛窦的帮助下，徐光启成为了著名的科学家，他依靠自己的博学和敏锐，在中国尚未落后于西方太远的时候就感到了一种危机的存在，他向世人大声疾呼学习西方文化。但是他的梦想最终也未能成真，他的很多主张并没有得到当时帝王的采纳，这不仅仅是他个人的悲剧，更是一个民族的悲剧。

冯梦龙：
老农的歌声让他心动不已

有一次冯梦龙与同窗好友在野外遇到了一个老农，老农一边赶着牛犁地，一边唱着民歌。冯梦龙听到老农唱的歌谣，停下了脚步，细细地品老农唱的小曲，觉得非常有味道。于是，他走到田中向老农请教。出自田夫的歌谣成了他创作民间文学的源泉。

Feng Menglong

[要知天下事，须读古人书。——冯梦龙]

冯梦龙（1574~1646），出生于江苏苏州，明代著名民间文学家。《喻世明言》、《警世通言》、《醒世恒言》是他的代表作。

冯梦龙自幼天资聪颖，父亲从小让他接受儒家教育。冯梦龙很好学，每当遇到了经书上不懂的地方，总是找人去请教，这使得与他接触的人都非常喜欢这个好学的孩子。于是他们将自己所知道的东西，全都教给了冯梦龙。这样冯梦龙就成为一个十分博学的少年。冯梦龙不满足于四书五经上的知识，他经常看一些诸子百家的书，一有机会，他就走出家门向所遇到的人去请教。

有一次冯梦龙与同窗好友在野外遇到了一个老农，老农一边赶着牛犁地，一边唱着民歌。冯梦龙听到老农唱的歌谣，停下了脚步，他细细地品老农唱的小曲，觉得非常有味道。于是，他走到田中向老农请教。老农被他的诚心所打动，教给他许多的民间歌谣，冯梦龙很高兴地把那些歌谣都记了下来，他的朋友很不耐烦地在旁边等着，一直等到他记完了，他的朋友才说：

“这些下里巴人的小曲也值得你去讨教吗？你记它们有什么用呢？”

冯梦龙说：“这是真正有生命力的东西啊！这些老农虽然很可能都不识字，但是他们从生活中获取了很多的智慧，这是很值得我们学习的。”

从那以后，他更加注重现实生活，有时甚至费尽心力搜集各种各样的故事。由于冯梦龙经常虚心求教，博采众长，所以他的知识面非常广。特别是对于当时士大夫们所鄙视的民间文学，他更是情有独钟。他对民歌俗曲、传奇、说唱都非常感兴趣，他常常去听民间艺人说书，时间久了，很多评书他也能说得下来。

在苏州，他还经常去听一位名叫李正庭的说书人讲三国。有一次，李先生病了，不能开讲，听众们不知情，都在台下耐心地等着。冯梦龙为了不让大家扫兴，于是他走上了台，将惊堂木一拍，绘声绘色地讲了起来，大家对他的讲说十分满意。事后李先生非常感激他，将祖传的一本说书人的秘笈送给了冯梦龙。

冯梦龙的父亲一心想要他求取功名，看他整天和一些民间艺人混在一起，非常生气，将他狠狠地训了一通，然后把他锁在屋子里，不让他出去。但他在屋中还在翻阅民间文学作品。冯梦龙二十多岁的时候考中了秀才，这时他们家道渐渐衰落，于是他就在苏州城里开了一家酒店。他的酒店与众不同，他在招牌上写着：本店征求俚语山歌，能献上五首的，送黄酒一壶。每天来献山歌的人络绎不绝，他的酒店中贴满了民歌，就这样冯梦龙收集到了很多的山歌，将它们编成了一本《桂枝儿》。

冯梦龙收集整理了很多通俗文学作品，像《喻世明言》、《警世通言》、《醒世恒言》就是他的代表作，由于他长期致力于民间文学的收集和创作，一些所谓正统的文人和卫道者对冯梦龙发起了攻击，他们认为：

“民间的小歌小曲粗俗不堪，登不了大雅之堂。”

冯梦龙却说：“民间文学最浅最俗但也最真。文人之作经常流于陈腐，而出自田夫野老的歌谣才是真正的文学源泉。”

冯梦龙的仕途坎坷，直到1630年他才考中了贡生，4年后做了福建寿宁的知县。在任期间，他除了埋头著书，还经常参加结社活动。他和当时的很多文人学士都有来往，他认为这种社交活动可以开阔人的视野。他也很善于从朋友们那里汲取优点。

冯梦龙一生著述颇丰，是一般作家所难以比拟的。他著述的范围也非常广泛，从儒家经典到民间歌谣，从笔记小品到时事政论，从戏剧词曲到传奇话本，都是他创作的范围。

冯梦龙的一生与书为伴，与写作为伴。公元1646年，已是老者的冯梦龙背着青布包袱经过长途跋涉，风尘仆仆地路过弥陀寺，请求投宿。庙里的厨师看到他背着的包袱从不离身，猜想里面一定装着稀世珍宝。于是厨师就起了歹心，将他杀了。可打开包袱一看，冯梦龙的包袱里面根本没有什么珍宝，而是一大堆书稿。

成长启迪：

正所谓“三人行，必有我师”。冯梦龙并不因为老农的歌曲是“下里巴人”而不屑一顾，相反，他虚心向老农请教。这一切，对他民间文学创作十分有益。冯梦龙的这一谦虚严谨的学习态度很值得如今的一些孩子借鉴。

徐霞客：
游记书促使他走出书本看世界

徐霞客大量阅读那些历史地理、方志游记类的书籍，学识大为长进。书读得多了，他常常发现书上记载的山川、河道，与事实并不相同，有的甚至自相矛盾。他产生一个大胆的念头：我要走出去，用自己的眼睛看世界。

Xu Xiake

[走万里路，知天下事。——徐霞客]

徐霞客（1585~1641），名宏祖，字振之，号霞客，江苏江阴人，明末旅行家、地理学家和文学家。著有《徐霞客游记》，记录了世界上最早的石灰岩溶蚀地貌。

徐霞客出身于名门望族，父亲徐有勉饱学诗书，但性情耿直，不愿意违心地逢迎上司，没有像祖辈一样在外做官，而是做了乡间隐士。徐霞客的家乡山清水秀，父亲常常带小霞客到处游玩，他们或信步山林，或泛舟湖上，父亲博学多才的学识和鄙视权贵的精神，给幼小的霞客留下了深刻印象。

徐霞客从小就对事物表现出极大的好奇心，不管是在旅途中，还是读书后，他凡事都喜欢问个“为什么”，常常把父亲问得张口结舌。他还特别喜欢听父亲讲故事，苏武牧羊、岳飞抗金、玄奘西游取经、张骞勇闯西域等故事，使徐霞客幼小的心灵深受震撼，他也想做这样的人。

徐霞客6岁去私塾读书，尽管他天资聪明，没有几年就可以出口成诵，落笔成章，可是他对那些八股文之类的东西一点兴趣都没有。

徐霞客最喜欢的是游记类的书籍，有时他会悄悄地将游记类书籍放在课本下面，老师在上面滔滔不绝地讲，他在下面津津有味地看。有一次，他看到精彩处，竟忘情地诵读出来。老师到徐家告状，父亲并没有过分责骂他，只是嘱咐他要好好学习。

徐霞客15岁时，到城里参加了科举考试，尽管他文笔清新，却没有考中。他目睹了考场的黑暗，对父母表示不想再考了。父母理解孩子的志向，同意了他的要求，但告诫他：“不管将来做什么，都要多看书，打好基础。”

徐家的藏书非常丰富，霞客大量阅读那些历史地理、方志游记类的书籍，学识大为长进。书读得多了，他常常发现书上记载的山川、河道，与事实并不相同，有的甚至自相矛盾。他产生一个大胆的念头：我要走出去，用自己的眼睛看世界。

那时候，父亲刚去世，母亲理解儿子的心思，知道他想远行，就鼓励他：“好男儿志在四方，你放心去吧。”

徐霞客上路了。从19岁起，徐霞客的足迹遍及大半个中国。他的一生是在路上度过的，通过自己的亲身经历，徐霞客发现对他一生影响巨

成长启迪：

一本书可以改变一个人的世界。徐霞客从书中得到受益的同时，也从书中发现了“问题”，正是这些“问题”促使他走出书本看世界。庆幸的是，他的母亲也很明智，鼓励他“好男儿志在四方”。母亲的鼓励给徐霞客的出游带来了足够的信心。

大的历史地理、方志游记类的书籍由于时代的变迁，或因为作者考察不够细致，存在不少谬误，这从一定程度上讲，贻误了后人。

于是，他决定亲自动手，根据自己的游历经历写一本全面、系统的游记类书籍，这才有了《徐霞客游记》。

临死前，徐霞客对自己的朋友说：“我此生得偿所愿，死而无悔。”

江阴徐霞客纪念馆院里有一株罗汉松，2人合围，高近7米，那是徐霞客小时候种的。400多年过去了，他种的松树依旧挺拔，依旧苍翠，似乎在等待主人远游归来。

宋应星：

一把奇特的农具让他产生了写本书的念头

宋应星仔细观察了耧的构造，问老农，播完种为什么还要用驴拉着碌碡在地上滚？老农说，麦种播下去后，用碌碡把泥土压紧，就能保持水分，麦种才好发芽。宋应星回头对哥哥说，这些东西是书上学不到的，我们饱读诗书，却连最实用的知识也没学会，我一定要写本书，把这些知识都写进去。

Song Yingxing

[博览多闻，学文习熟。——宋应星]

宋应星（1587~？），江西奉新县人，我国古代著名的科学家，著有《天工开物》。

宋应星自幼聪明好学。一次，宋应星和哥哥宋应升去南昌参加乡试，乡试的考生有一万多名，结果兄弟俩都考中了举人，宋应星考中了第三名，哥哥宋应升考中第六名。奉新县一下子出了两个举人，被人称为“奉新二宋”。中举后，兄弟俩马上赴北京参加会试，想一鼓作气考中进士。但却双双落榜。

从京城回家的路上，他们看见一位老农在田地里使用一种奇特的农具干活。宋应星不知那是什么东西，就上去向老农请教，老农告诉他那东西叫耧，是播种用的。宋应星仔细观察了耧的构造，问老农，播完种为什么还要用驴拉着碌碡在地上滚？老农说，麦种播下去后，用碌碡把泥土压紧，就能保持水分，麦种才好发芽。宋应星回头对哥哥说，这些东西是书上学不到的，我们饱读诗书，却连最实用的知识也没学会，我一定要写本书，把这些知识都写进去。

后来，兄弟俩又参加了几次会试，但总是榜上无名。宋应星不想再考下去了，他到江西分宜县当了县学的教官。从此经常到分宜县的农村、集镇去了解各行各业的生产过程。他访遍了那里的造纸、制陶、制糖、纺织等作坊，结交了很多农民、工匠朋友，积极准备实现当初的愿望，写一本关于农业的书，

有一次，宋应星看到一位老铁匠在教徒弟打铁。老铁匠把打好的锄头放在火上烧红，然后把锄头在水里蘸了一下。吱的一声，水里冒出一阵白气。宋应星问老铁匠为什么要把烧红的锄头往水里蘸一下？老铁匠告诉他，这叫淬火，可以使铁器变得更硬，这道工序很讲究，淬火时温度太高，铁器就会太硬，容易断；温度不够，铁器则不耐磨。

每当了解到这些知识，宋应星总是详细地记录下来，为他要写的书做准备。

几年后，宋应星的书写成了，书名《天工开物》。这部书一共18卷。内容包括作物种植、食品加工、养蚕、纺织、采矿、冶炼、烧制砖瓦、陶器、造纸、车船和兵器的制造等。书中还有200多幅插图。在朋友的帮助下，宋应星的《天工开物》得以付梓印刷。《天工开物》全面地记录了

我国古代的科学技术，是世界上最早的科技百科全书。书中记载的炼锌法和灌钢法都是世界上最早的；它记载的提花机是当时世界上最先进的纺织机械；书中的200多幅插图生动地描绘了300多年前各行各业的生产情况，具有很高的研究价值。但是，在中国古代，人们相信“万般皆下品，惟有读书高”，劳动者的社会地位是很低的，因此《天工开物》这部关于生产劳动的书没有得到足够的重视，后来甚至在国内失传了。现代学者经过多方查找，才找到它的原刻本，宋应星和他的《天工开物》终于在世界上获得了应有的荣誉。

成长启迪：

处处留心皆学问。宋应星正是在仔细观察生活的基础上完成了著名的著作《天工开物》。而现如今的一些孩子，几乎埋在书堆里抬不起头来，很少有时间或有兴趣关心和了解身边的社会。结果是书读了不少，证书也拿了许多，但走上社会，却是两眼一摸黑。宋应星的事例很值得我们思考。

李自成：
明智的父亲让他弃文习武

他对父亲说："考上秀才照样受人欺负。我想学武艺，有了武功，谁还敢欺负我们？"父亲认为人尽其才、物尽其用，儿子不是读书的材料，他也不想勉强。但这孩子身子骨硬朗，对这方面又感兴趣，确实是习武的料，于是便从延安请了罗君彦教头来教儿子习武。他的一身武艺最终有了用武之地。

Li Zicheng

[倘丧失目标，力量也会化为乌有。——李自成]

李自成（1606~1645），原名鸿基，陕西米脂人，明朝末年农民起义领袖，号称“李闯王”。他提出“均田免赋”的政治主张，赢得广大农民拥护，推翻了明王朝。

李自成的家庭世代为农，日子一年到头过得紧紧巴巴，还经常受有钱人的欺负。父亲李守忠常常想，要想以后过上好日子，就得让孩子去读书，将来考个秀才、举人什么的，哪怕只当个小官，也不会受人欺负了。于是家里节衣缩食，勒紧裤带，送8岁的李自成和弟弟去上学。

在私塾馆学习了几年，李自成识了不少字，也能写写文章，就不想上学了。他对父亲说：“考上秀才照样受人欺负。我想学武艺，有了武功，谁还敢欺负我们？”

父亲认为人尽其才、物尽其用，儿子不是读书的材料，他也不想勉强。但这孩子身子骨硬朗，对这方面又感兴趣，确实是习武的料，于是便从延安请了罗君彦教头来教儿子习武。

父亲的这一决定堪称神来之笔，造就了后来闻名天下的“李闯王”。

李自成对习武感兴趣已不是一天两天的事情了，他特想当一个杀富济贫的英雄。看到集市上有练武表演，就目不转睛地盯着，一边看还一边琢磨他们是什么套路。现在有了老师，他练武的积极性特别高涨，再苦再累也心甘情愿。老师看这个学生能吃苦，脑子又灵活，就把看家本领都教给了李自成。罗老师不但教李自成武艺，还告诉他习武之人要讲究武德，学好了本领，要扶危济贫，除暴安良。

自从接触武艺之后，李自成更加强壮了。父亲去世后，十几岁的李自成挑起了家庭的重担。为了谋生，他给人放过羊，给富人当雇工、干农活，还在铁匠铺给人家打铁，在小饭馆当酒保，什么脏活、累活都干过。

有一天中午，他实在累坏了，就在地主家大门旁睡着了。地主出门回来，狠狠地骂了他一顿。李自成不服，顶了他几句。地主马上叫了一帮人把他绑起来，李自成虽然会武功，可是寡不敌众。他被绑在院子里的柱子上毒打了一顿，打完也不放他。

十几个小时过去了，李自成浑身疼痛、又饿又渴。这时候，地主的小儿子手里拿着一块饼，边吃边走过来。饥饿难耐的李自成，让那个孩

成长启迪：

最成功的家庭教育必定是尊重孩子天性的因材施教。李自成的父亲看到自己的孩子不是读书的材料，并没有强行让孩子继续读书，而是顺其自然，让儿子习武，这样的父亲无疑是最明智的。而现在的一些家长，为了让孩子成材可谓费尽心机，什么强化班，什么钢琴班、书法班……总之能报的都给孩子报了，恨不得孩子不吃不喝不睡，将时间全部用到学习上，可结果却是事与愿违。要知道，每一个孩子都有自身的个性与爱好，如果父母不顾孩子的自身条件，将自己的意愿强加给孩子，那样对孩子不但没有帮助，而且对孩子是一种摧残。

子给他一块饼吃。那孩子白了他一眼，把饼往地下一扔，还踩了两脚，昂着头走了。李自成又羞又气，地主的孩子都会欺负人。好，你们等着瞧，总有一天我要翻身。

抱着对为富不仁者的仇恨，抱定“扶危济贫，除暴安良”的信念，李自成后来发动了农民起义，这时，他的一身武艺终于有了用武之地。他深感父亲是最了解他的人，如果当时家人强迫他读书、走科举道路，很可能名落孙山，毕竟自己不是一块读书的料。再说，即便考上了，大不了当个小官，而现在那么多老百姓支持他，此生足矣。

李自成率领农民起义军，转战南北，横扫明朝军队，一举占领北京城。虽然最后因为决策失误功亏一篑，只做了18天皇帝，但他仍然是个英雄。

石涛：
师傅的话让他如梦方醒

师傅语重心长地说："学海无涯啊！你应该虚心学习，知识是永远没有止境的。"从此，石涛在师傅的教诲下更加刻苦学习，再也不自满了，他的道行日渐高深。经过三年的潜心修道后，石涛拜别师傅，到了宣城广教寺，在那里广交益友，吟诗作画。他和梅清等一批画家共画黄山，成为著名的黄山画派。

Shi Tao

[玉虽有美质，在于石间，不值良工琢磨，与瓦砾不别。——石涛]

石涛（1642~1707），广西桂林人，清代杰出的绘画大师。

石涛的父亲是靖江王，但是石涛生不逢时，他一出生就遇上了战乱。4岁那年，他的父亲靖江王朱亨嘉被手下出卖致死，在王府被攻破的紧急时刻，石涛被仆人冒着生命危险救出，日夜兼程逃离桂林，一路隐姓埋名流落到武昌。迫于现实生活的无奈，主仆二人皆遁入空门，削发为僧。

石涛自幼天资聪颖而又勤奋好学，在佛门清贫单调的生活中，他依然能找到自己的娱乐方式，他喜欢以写字、画画、养花种草来陶冶情操。

10岁的时候，他开始喜欢收集古书，只要得到书，他就会高兴得手舞足蹈，然后如获至宝地将它们放在他的书架上，这样日积月累，他收集的古书把书架塞得满满的，其中有四书五经，也有小说和字帖等。有一天，石涛又得到一本古书，正喜形于色，要把它放到书架上，他的师兄来找他，看到满架的古书，非常钦佩。而石涛也以为自己已经是学有所成了，不再像以前那样虚心学习，于是整天和朋友们一起外出玩耍。一天，石涛正在庭院里跟师兄们聊天，师傅来了，对石涛说："石涛，你跟我来。"

于是，石涛跟着师傅来到了一个后园。师傅指着一个装着满满的石头的碗说："你看这个碗里装满东西了吗？"

石涛看了看说："装满了。"

师傅不动声色地从旁边拿了些沙，把它倒入碗里，又问石涛："现在它满了吗？"

石涛犹豫地点点头说："满了。"

师傅又向碗里加了点水，转过头来问石涛："现在满了吗？"

石涛略有所悟，他不敢吱声了，于是师傅语重心长地说："学海无涯啊！你应该虚心学习，知识是永远没有止境的。"

从此，石涛在师傅的教诲下更加刻苦学习，再也不自满了，他的道行日渐高深。

经过三年的潜心修道后，石涛拜别师傅，到了宣城广教寺，在那里广交益友，吟诗作画。他和梅清等一批画家共画黄山，成为著名的黄山画派。其中石涛的《黄山图》最具风采。他不仅画了大量的山水还画了许多道教人物，《十八罗汉应真图》就是其中的代表作。他过人的才华和豪放的性格使他在同行之中获得了很高的声望。但石涛并没有沾沾自喜，师傅的话仿佛还在他的耳边回荡，他告诫自己学海无涯、学无止境。

石涛38岁的时候，离开宣城广教寺寄居在金陵长干寺，过着清贫的日子，修持布道，在此期间创作了很多作品。45岁的时候，他又离开金陵前往燕京，途经扬州与戏剧家孔尚任结为知己，并在扬州受到康熙皇帝的接见。他到燕京的时候已经将近50岁了，在那里他疲于奔命，自称“苦瓜僧”，饱尝了人间的世态炎凉，后又回到扬州，并在扬州度过他的晚年。

石涛是一位天才的艺术家，他不仅在绘画方面独领风骚，而且在诗、书方面也精妙绝伦，享有“三绝”之誉。他在扬州呕心沥血地完成了《石涛画语录》，这标志着他绘画艺术思想形成了自己完整的理论体系，为后世留下了一部罕见的中国画美学经典。

成长启迪：

师傅的一个小小的动作，一句平实的话语，让石涛明白了学海无涯的道理。这种不动声色的教育在当今社会仍然有着十分重要的意义。现在的一些老师或者家长，对不满意的孩子，动不动横加指责，或挖苦讽刺，这不仅起不到教育效果，还会引起孩子的逆反心理，让孩子走上邪路。

郑板桥：后院的竹林给了他绘画的灵感

郑板桥家的后院里有一片竹林，小时候，他就常常在竹林里读书散步，时间长了他对竹林便有了一种特殊的感情。他常常默默地观察苍翠挺拔的竹子，时时发出赞叹，他太喜欢这片竹子了，在竹林中他得到了许多灵感。他灵机一动，何不把伟岸的竹子画到纸上呢？想到这里，他铺开笔墨纸砚，画起竹来。这以后，他经常随性而为，而笔下的竹子也是越画越好，渐渐成为一绝。

Zheng Banqiao

[千磨万击还坚劲，任尔东西南北风。——郑板桥]

郑板桥（1693~1765），名燮，字克柔，号板桥。江苏兴化人。清代著名文学家、画家。做官期间关心人民疾苦，因擅自开仓赈济被罢官。后来长期在扬州以卖画为生。为“扬州八怪”之一。

在兴化城的东门外，有一座小木板桥，郑板桥常常从这座桥上走过，由于对这座桥的喜爱，所以他给自己取号为板桥。

郑板桥从小聪明好学，到了上学的时候，父母便把他交给了私塾老师。好学而有才气的郑板桥很受老师的喜爱，10岁的时候，已经能背诵许多诗文了，他有时还自己作诗。有一天，他把老师的诗作了一番改动，并且还把理由说得头头是道，老师听了以后觉得的确有理，便当即按郑板桥的意见对自己的诗作了改动。

郑板桥家的后院里有一片竹林，小时候，他就常常在竹林里读书散步，时间长了他对竹林便有了一种特殊的感情。他常常默默地观察苍翠挺拔的竹子，时时发出赞叹，他太喜欢这片竹子了，在竹林中他得到了许多灵感。

此时的郑板桥除了会作诗，同时也喜欢绘画，他灵机一动，何不把伟岸的竹子画到纸上呢？想到这里，他铺开笔墨纸砚，画起竹来。

这以后，他经常随性而为，而笔下的竹子也是越画越好，渐渐成为一绝。为了歌颂竹子对他的启发，体现竹子的高风亮节，他曾在一幅墨竹图中题诗：“咬定青山不放松，立根原在破岩中；千磨万击还坚劲，任尔东西南北风。”

他画的竹子不仅受到当时人们的喜爱，而且也得到了后世的肯定。

郑板桥不仅在绘画上成就很高，书法也是一绝。一天雨后，郑板桥家后院的石板路被雨水淋得发亮，郑板桥看着这些光滑美丽的石板，心想，如果有一种字体能跟这些石板媲美的话，一定很不错。郑板桥从这些石板中得到灵感，创造了“六分半书”。

郑板桥虽然成才很早，但是直到40岁才考中进士做了官。

1745年，山东潍县发生了一场大海潮和旱灾，田里颗粒无收，老百姓处在饥饿之中，许多人饿极了只好吃树皮和观音土，甚至出现了人吃人的情况。潍县知县被这场灾难吓得弃官而逃。这一年52岁的郑板桥正在范县（现在的河南省）当知县，他把范县治理得非常好。朝廷派郑板桥前往潍县任知县。

在去潍县的路上，郑板桥看到路上到处是尸骨。上任以后郑板桥第一件事便是上奏朝廷，开仓放粮救济潍县的百姓。可是一连上奏三次，朝廷却没有给他答复。看到饿死的人越来越多，郑板桥再也等不下去了，他叫来了县丞和典史商议开仓放粮救百姓。县丞和典史一听郑板桥在没有得到朝廷的批示以前，擅自做主开仓放粮，吓得赶紧推卸责任。郑板桥见这两个人如此怕死，当即拍着桌子说：

“明天开仓放粮，朝廷如果怪罪下来，一切由我来承担。”

郑板桥开仓放粮救了许多百姓，但是潍县的灾情仍然很严重，开仓放粮还是不能完全解决问题，于是郑板桥便让那些囤积粮食想从这场灾情中牟取暴利的奸商们按照市场价把粮食卖给老百姓，然后又以修堤阻止海潮的名义让城里有钱人家出钱来修理潍县的城墙。让那些吃不饱饭的百姓来做工，以工代赈。并且还把老百姓们向官府借粮的借条全部烧掉，这些措施使潍县百姓安定下来。

后来朝廷派人下来调查郑板桥擅自开仓赈灾的事，朝廷了解到当时的情况后便默认了郑板桥所做的一切。不过在郑板桥为潍县百姓做好事的时候，也得罪了一大批贪官污吏和富豪们。他认识到了官场上的黑暗，自己想做个清官是不可能得到官场上认可的。一天他喝醉酒后便歪歪斜斜地写了“难得糊涂”几个大字。想一想又在边上写了一行小字道：“聪明难，糊涂难，由聪明而转入糊涂更难，放一着，退一步，当下心安……”

不久郑板桥便上书辞官，可是他的辞职书没有被批准，朝廷倒是以他擅自开仓、贪污国库钱粮的罪名罢了他的官。罢官回家以后，郑板桥在扬州卖画为生，从而结识了汪士慎、黄慎、金农、高翔、李鲜、李方膺、罗聘等七位书画家，这七位画家和郑板桥一样，在写诗和画画上都各有特长，他们的画都不受前人的束缚，所以在人们的眼里他们是一些比较怪异的画家，人们把这八位画家称为“扬州八怪”。

当时郑板桥的画很受人们的喜爱，一些故作风雅的富人常常来买郑板桥的字画，郑板桥每次都是毫不客气地收足了银钱才画。但是对于穷苦的百姓他却非常大方，常救济那些穷苦人家。郑板桥绘画、书法、作诗、为人都像极了竹子，顶天立地，光明正大，为后人所称赞。

1765年，73岁的郑板桥在扬州病逝了，而他后院的竹子随风摇曳发出的沙沙声仿佛是在悼念主人。

成长启迪：

郑板桥的竹画堪称一绝。而他的灵感却得益于童年时代后院的一片竹林。一切艺术来源于生活，而留心观察生活对一个人的成长十分有益。但现在的一些年轻人心理相对浮躁，对身旁事物熟视无睹。曾有一位老师让学生现场写篇关于花的文章，可是这些学生连家里阳台上有几盆花、叫什么名字都说不上来，更不用谈写作了。这样的文章写出来，不是无中生有，就是笑话百出！

林则徐：
母亲的话让他记忆犹新

夜深了，母亲还在灯下干活，小则徐不忍心，就要帮助母亲一起做。母亲不同意，对他说："你是男孩子，应该有远大的理想。还是好好读书，不要辜负了大家的期望。"母亲的苦心教诲，对林则徐影响很大。

Lin Zexu

[生命的最大用处是将其用在某种能比生命更长久的事物上。——林则徐]

林则徐（1785~1850），福建福州人，清朝鸦片战争时期的爱国政治家。他主张严禁鸦片、抵抗侵略，是中国近代“开眼看世界第一人”。

林则徐出生时，新任福建巡抚的徐嗣曾，正好鸣锣开道从他家门前经过。望子成龙的父亲觉得这是个好兆头，就给孩子取名则徐，希望孩子日后能像徐嗣曾一样成为朝廷的重臣。

林则徐的家境比较困难，父亲在私塾教书挣钱不多，母亲的手特别灵巧，会做绢花和一些工艺品。为了家里的生计，母亲和姐妹们一天到晚忙个不停，小则徐把做好的工艺品送到店铺去寄卖。夜深了，母亲还在灯下干活，小则徐不忍心，就要帮助母亲一起做。母亲不同意，对他说：“你是男孩子，应该有远大的理想。还是好好读书，不要辜负了大家的期望。”母亲的苦心教诲，对林则徐影响很大。

背负着家族希望的林则徐学习非常刻苦，他4岁开始读书，7岁就能做文章，对对子更是一绝。9岁那年的元宵节夜晚，满城的花灯璀璨通明，老师带着学生们游园观灯，信口给学生出了个对子：“点几盏灯为乾坤作福。”林则徐马上应声对道：“打一声锣代天地行威。”同学们一齐叫好。还有一次，老师带林则徐和其他同学一起到鼓山游玩，登高望远，老师豪兴大发，出了“山”、“海”两字，要求学生做一绝对。当其他同学还在苦苦思索时，林则徐先开口：“海到无边天作岸，山登绝顶我为峰。”老师惊讶他的志向高远，鼓励他努力学习，日后一定会有出息。果然，林则徐13岁获得乡试第一，14岁中秀才，20岁中了举人。

林则徐第一次赴京赶考，没有考中进士，就跟从一位朋友在海防做书记，负责起草处理文件。但是林则徐并不满足于现状，母亲的话记在他的心中，回荡在他的耳边——你是男孩子，应该有远大的理想。还是好好读书，不要辜负了大家的期望……

想到母亲的灯下辛劳，林则徐感到一阵辛酸，更觉得自己任重道远，他决心寻求一种突破，实现自己的远大理想。

清嘉庆十一年除夕，福建巡抚张师诚翻阅本省各地送来的贺章，发现其中有一份极富文采。爱才的巡抚赶快派人去请这位执笔前来会晤。林则徐气喘吁吁赶到省城，天已是黄昏了。张师诚见来客竟是一位年轻人，心中暗暗吃惊，就想考考他：“年轻人，有一份紧急奏折，必须在今

成长启迪：

一个人自幼就该树立远大的理想，只有有了理想才会有所追求，有所奋斗。林则徐的母亲从小便教儿子做一个有理想的人，母亲的话虽说很普通，但对儿子的成长却起着举足轻重的作用。

夜送往京城，你来写吧。”

林则徐此时并不慌张，略一思索，不出一个时辰就拟好奏折。张师诚一看，奏折文笔清新，言简意赅，非常满意，马上决定让他留在身边。在张师诚幕府的4年，对林则徐后来担任总督、钦差至关重要，因为在此期间他积累了丰富的经验。

林则徐是一位伟大的民族英雄，一方面他坚持反对外来的武装侵略；另一方面，他又主张向西方学习，走“师夷长技以制夷”的自强道路。

林则徐的“师夷”是为了“制夷”，但也不是盲目排外。他不赞成停止中外贸易，反对封关禁海，而是主张利用各资本主义国家贸易竞争之间的矛盾，来限制外国资本主义商人的非法交易。这反映了他开放的胸怀和寻求反侵略的爱国愿望。

林则徐的一生是奋斗的一生、刚正不阿的一生，为中华民族做出了巨大的贡献。

张振勋：
姐夫的一句话激发了他的上进心

张振勋终于实现了儿时的理想，但想起小时候自己因为姐夫的一句话就气成那样，竟有些不好意思了，他告诉别人，生气不如争气。成功后的张振勋对姐夫存有的不再是埋怨，而是感激，他觉得如果当初姐夫没有“刺激”他，他不会知耻而上进，更不可能成为一代酿酒大王。

Zhang Zhenxun

[尊严比什么都重要！——张振勋]

张振勋（1840~1916），广东大埔县人，杰出的实业家，张裕酒业的创始人。由他一手打造的金奖白兰地至今享誉中外。

张振勋出生在一个乡村私塾先生的家中。虽然父亲在教书之余，还行医治病，但家中的生活仍然十分贫困。小振勋在私塾中跟着父亲读了几年书，十三四岁时，就不得不辍学到姐夫家去放牛。可是他太爱读书了，一次因为看书而忘了管牛，牛吃了人家田里的秧苗，主人告到姐夫家里，要求赔偿。姐夫气得狠狠地打了小振勋一个耳光，还骂他说："死人还能守住四块棺材板，你连一头牛都看不住，真是连死人都不如！"

小振勋赌气说："你不要太看不起人，将来我发了财……"

姐夫不等他说完，就冷笑起来，说："就你这样也想发财？除非太阳从西边出！"

小振勋气得脸色发青，转身就跑回家去了。回家之后，他极不服气，心想：别人能做到的事我张振勋能做到；别人不能做到的，我张振勋照样要做到！姐夫怎么能这么看不起人呢？他感到自己受到了莫大的侮辱，暗暗在心里下定决心，以后一定要挣好多好多钱，让姐夫也看看太阳到底是从哪个方向升起来的。

怎样才能快速致富呢？小振勋的欲望无比强烈，想来想去，他认为只有经商这条路可走。

牛没得放了，父亲有点为难，问他以后打算干什么。小振勋理直气壮地说："我想学做生意！姐夫他看不起人，我偏要做给他看。"

随后，小振勋说服了父母，随着姓黄的华侨，登上了去印度尼西亚的帆船。

经过十几天的海上航行，张振勋满怀希望踏上了印尼的土地。清澈亮蓝的海水，高耸入云的椰子树，郁郁葱葱的橡胶林，芬芳扑鼻的槟榔花，散发着肉香的沙茶……浓郁的异国风情使小振勋感到新奇而有趣。但是他更关心的，还是在什么地方能够挣到白花花的银子。他一刻都不会忘记，姐夫那张嘲讽的脸，还有自己当初立下的豪言壮语。

为了实现自己的理想，张振勋从不放松对自己的要求，他对待工作非常认真，经过一番摸爬滚打之后，张振勋站稳了脚跟，也挣了一些钱。

但此时的张振勋仍然不满足，他并不觉得自己已经富有，可以让姐夫刮目相看了，反而觉得自己远远不够，还需要努力，因为他觉得自己要做到别人所不能做到的事情。

回国之后，张振勋开始筹建酒厂。他一面在烟台购买土地，订制机器，建筑厂房、酒窖，开辟原料基地，一面写信回家乡，招集张氏子弟和亲戚来做帮手。1894年9月，张振勋筹办的烟台张裕酿酒公司得到了政府的正式批准，并获得了在直隶（今河北）、奉天（今辽宁）、山东三省的15年专利和免税3年的政策优待。这是我国近代第一家同时也是当时远东地区最大的一家新式酿酒公司。张振勋亲自书写了金光闪闪的大字招牌，高高地挂在了大门上，由此迈开了走向酿酒大王之路的第一步。

张振勋想挣大钱，树民族品牌的想法不错，但挣钱哪有那么简单，正值筹建酒厂的关键时刻，张振勋请到的酿酒师——荷兰人雷德弗却是个不折不扣的骗子，害得他生意受挫，也气得一连几天卧床不起。

他的一位奥地利好友知道后，帮他从国内聘请了一位名叫哇务的酿酒师。张振勋接受了教训，亲自陪这位酿酒师来到烟台，并对他进行了认真的观察和考验，相信哇务不但酿酒技术精湛，而且为人忠诚老实，这才把大局托付给他。

此后，在张振勋的精心操持下，经过多年的苦心经营，烟台张裕酿酒公司渐渐发展壮大，产品不仅占领了国内市场，而且走向了世界。

1915年4月，张振勋受命担任中国实业考察团团长，率领一个阵容强大的代表团，远涉重洋，到美国考察。他们途经旧金山时，适逢三藩市举办巴拿马万国商品博览会。张振勋就派人将随身携带的张裕葡萄酒送去参加比赛。比赛揭晓，张裕白兰地荣获国际金牌奖章，而味美思和玫瑰香也双双获得优质奖章。颁奖大会上，当主持人隆重宣布："中国张裕酿酒公司的白兰地，荣获本届赛会金奖"时，大厅里顿时掌声雷动。张振勋无限感慨地说："我终于如愿以偿，酿出了世界上最好的美酒！"

张振勋将金奖章图案缩印在商标上，这就是至今仍名扬四海的"金奖白兰地"的来由。

张振勋在总结他的创业经验时说，第一要从长计议，看准了的事情就不惜投资；第二要坚忍不拔，决不向困难低头！确实，离开这两点，很难成就大事业。

衣锦还乡的张振勋终于实现了儿时的理想，但想起小时候自己因为姐夫的一句话就气成那样，竟有些不好意思了，他告诉别人，生气不如争气。成功后的张振勋对姐夫存有的不再是埋怨，而是感激，他觉得如果当初姐夫没有“刺激”他，他不会知耻而上进，更不可能成为一代酿酒大王——一个真正的富翁。

成长启迪：

这世上谁也不愿意受到别人的挖苦嘲讽，因为这对一个人精神打击实在是太大了，有的人就在这种嘲讽中一蹶不振。但是，真正的强者，真正的智者，他会化劣势为优势，将别人的嘲讽当做一种促使自己积极向上的动力，张振勋就是一个智者的表现。一个人在成长过程中难免会遭遇这样那样的挫折，但是挫折对一个人的成长并非就是坏处，因为一个人的成熟与成功正是在经历了一次次风雨挫折而得来的。作为家长，有必要从小对孩子进行适当的挫折教育，这对孩子的成长十分有益。

康有为：祖父的藏书为他打开了一扇窗

康有为还从祖父的藏书中，第一次看到了《海国图志》、《瀛环志略》等一批介绍世界各国历史地理的书籍，读了利玛窦、徐光启等人编著和翻译的书，他们是中国向西方学习近代科学的先驱者。这些译著为康有为打开了一扇窗，对他后来向西方学习、推行变法维新起了重要作用。

Kang Youwei

[人才出于教育。——康有为]

康有为（1858~1927），字广厦，号长素，广东南海人，近代思想家、文学家。资产阶级改良主义的代表人物，清末“戊戌变法”的主要发起者。

康有为的祖父和父亲都担任教育方面的官职，是书香门第。康家的书楼环境优美，藏书丰富，是南海县有名的藏书楼，也是康有为童年时代汲取知识、受到启蒙的地方。

康有为自幼就非常聪明，5岁时能够背诵上百首唐诗，6岁进私塾读书。他读书特别刻苦，每天天色微明，他就端坐在书桌旁，琅琅的读书声打破了寂静的黎明；太阳下山了，天色昏暗，他又捧着书到廊檐下，借着落日的余晖，手不释卷地阅读；晚上点起一盏小油灯，常常读到半夜三更，祖父多次催促才上床睡觉。

康有为不喜欢和同龄的伙伴玩耍，孩子们见他一天到晚书不离手，都叫他书呆子。康有为不以为然。他写了一副对联挂在门两边：“大翼垂天四万里，长松拔地三千年。”他用庄子的一个典故，借此抒发他的鸿鹄之志。

祖父康赞修对康有为影响很大，特别是父亲去世后，11岁的康有为就随着祖父到任职的连州和广州。祖孙二人形影不离，经常在一起读书诵经，谈古论今。端午节到了，连州举办龙舟大赛，江中龙舟竞渡，岸边锣鼓喧天，鞭炮齐鸣，万众欢腾。康有为看到这壮观的景象，诗情大发，写了一首二十韵的诗篇，众人争相传看，纷纷赞叹，地方官还奖给他一套文房四宝。

连州一带有许多历史遗址。祖父经常带着他到处参观，一边观看遗址古迹，一边慷慨陈词，抚今追昔；遇到先哲和名士的碑帖诗文，就给孙儿详细讲解，并且借题发挥，给康有为指点和启发。

祖父在连州掌管教育时，康有为常常在祖父的书桌上看到清政府发下来的内部文件《邸报》，上面记载着许多国家和朝廷的政治大事。他第一次知道了曾国藩、左宗棠、李鸿章这些人物，了解到他们正学习西方办工厂，还知道外敌不断挑衅中国的海防，这些新闻使康有为大开眼界。

康有为还从祖父的藏书中，第一次看到了《海国图志》、《瀛环志略》

等一批介绍世界各国历史地理的书籍，读了利玛窦、徐光启等人编著和翻译的书，他们是中国向西方学习近代科学的先驱者。这些译著为康有为打开了一扇窗，对他后来向西方学习、推行变法维新起了重要作用。

1888年，康有为到北京参加乡试，被主考官评为第三名举人。可是到发榜的时候，他的名字却不在榜上。原来康有为曾经给光绪皇帝写过一封要求实行改良的信，他在信上说，现在国家处在危急关头，如果赶快变法，还能挽救。再拖上几年，就不可收拾了。一个顽固透顶的叫徐桐的老官僚看到了这封信很生气，他认为，像康有为这样的小人物，居然要皇上实行变法，是一种“越格犯上”的行为，这种人怎么能用呢，于是他就派人把康有为的名字划掉了。

康有为落榜以后，心情沉重地回到故乡。他决心培育一批人才，同自己一道推动中国的变法。他自建的学堂名字叫“万木草堂”，康有为把课堂当做宣传变法的讲坛。他对学生分析了中国现在的形势：外边是强敌入侵，国内灾难不断，当官的吃喝玩乐，百姓民不聊生，我们的国家正在危急存亡关头。最后总结道，我们的国家为什么像现在这样，就是因为没有像其他国家一样实行变法。学生们听到康有为充满感情的讲解，大受感染。

1895年4月，1300多个举人联名给光绪皇帝上书请愿，史称“公车上书”。这次请愿的主要发起人就是康有为。“公车上书”虽然没有阻止《马关条约》的签订，可是康有为变法的主张从此传播到全国各地。

1897年，康有为看到祖国的大好河山，又被帝国主义强盗强行割去不少，心中忧虑，第五次上书给光绪皇帝要求变法。后来等到全国举人到北京考试的时候，康有为联合举人们，成立了“保国会”，并发表了慷慨激昂的演讲，他认为我们的国家到了危急时刻，祖宗之法非变不可。顽固派看到康有为组织团体鼓吹变法，非常恐慌，上书给光绪皇帝，诽谤康有为。在顽固派的高压下，“保国会”解散了。可是维新变法的呼声却越来越高了。

康有为变法的主张，慢慢地渗入到光绪皇帝的心里。1898年6月11日，光绪皇帝发布诏书，决心实行变法。几天后，他在颐和园的仁寿殿召见康有为，想当面听一听康有为的意见。他们分析了国内外形势，谈

成长启迪：

读书使人明理，读书使人进步。康有为正是在《海国图志》等书籍的影响下，眼界变得开阔起来。是西方进步的科学知识使他萌生了改革的念头。虽说维新变法最终失败，但是他的思想仍有一定的进步意义，毕竟“维新变法”的理念推动了社会的进步。

了两个小时。光绪皇帝坚定了变法的决心。他重用康有为，决定变法。

虽然最后“戊戌变法”因为以慈禧太后为首的顽固派的干涉而失败，但康有为主张变法的影响却是深远的。如果说祖父的藏书为他打开了追求变法的一扇门，那么他维新变法的思想也为近代社会打开了追求进步的一扇窗。

詹天佑：
父亲的支持使他的路走得更从容

一次母亲发现詹天佑的口袋破了两个洞，一摸，里边是一个个尖硬的零件，气得她把这些杂七杂八的东西都扔到了院子里。小天佑伤心极了。父亲把事情的原委弄清后，开导了妻子，支持天佑的志趣，亲手帮助儿子捡回了“宝贝”，一件件地放到木盒里。父亲的支持，使天佑的兴趣得到了较好的保护。天佑也最终没有让父亲失望。

Zhan Tianyou

[一个人的美德不应由他特殊的行动来衡量，而应由他日常的品行来衡量。——詹天佑]

詹天佑（1861~1919），广东省南海人，他是近代科技界的先驱，杰出的铁路工程师，我国最早的工程学会创始人。

詹天佑家里有兄妹 7 人，天佑居长。父亲在天佑很小时就把他送到南海的一所私塾去读书。但是詹天佑对“四书”没有兴趣，他最迷恋的是机器。他的口袋里总是装得鼓鼓的，什么螺丝呀，铁钉呀，发条呀，都是他的“宝贝”。

聪明的小天佑，在街上看到洋人带着稀奇古怪的东西，总要观察个究竟，如果可能的话，他一定要把这个东西是怎么做的弄清楚。一次母亲发现詹天佑的口袋破了两个洞。一摸，里边是一个个尖硬的零件，气得她把这些杂七杂八的东西都扔到了院子里，小天佑伤心极了。父亲把事情的原委弄清后，开导了妻子，支持天佑的志趣，亲手帮助儿子捡回了“宝贝”，一件件地放到木盒里。从此詹天佑摆弄机器的游戏在家中取得合法地位。

11岁的詹天佑读完了私塾，下一步该怎么走呢？父亲为最喜爱的长子思考出路。他希望天佑继续读书或学习技艺，可家境却比较拮据。此时，清朝正在选送幼童出洋学习，朋友劝父母送子赴美，走“洋翰林”的路子。为了儿子的前程，父母答应了。詹天佑作为第一批留美官方学生乘船赴美，开始了为期10年的留学生活。离开祖国和父母的怀抱，詹天佑的思乡之情很浓，但他没有忘记自己背负的重任，没有忘记开明的父亲的声声嘱托，他下定决心一定要学会先进技术，将来为国家做贡献。

1881 年返回祖国时，20 岁的詹天佑意气风发，他向清朝当权者再三陈述，中国的铁路要由中国人来修，可慈禧却说：“小国修铁路非洋人不可！”外国人声称修建北京至张家口的京张铁路需要40年，詹天佑根据当时的国力技术，提出由中国人自己修筑京张铁路，只需 6 年就能完成。虽遭到清朝官员的围攻，可他决不退缩，据理力争，终于获得主持修筑京张铁路的权力。

1887年，中国铁路公司在天津成立，詹天佑被聘为工程师。他的第一个任务是塘沽到天津的筑路工程，他亲临工地指挥，仅用了80天就竣工了，初步显示了他的才能。

1890年，中国关内外铁路总局（原中国铁路公司）计划把关内铁路延到关外的沈阳和吉林。当铁路铺至滦河时，外国工程师却一个桥桩都未能打成，急得总工程师英国人金达只好把詹天佑找来试试。詹天佑经过认真地探测和调查，将桥址改变，实行压气沉箱法配合机器打桩，顺利打下了桥基，如期完成了滦河铁路桥工程，深得外国同行们的赞赏。1894年，英国土木工程师学会选举他为会员，这是该会的第一位中国会员。

1902年10月到1903年2月，詹天佑负责修成京汉铁路高碑店至易县梁各庄长45公里的西陵支线。这是第一条完全由中国人主持修建的铁路。

1905年到1909年，詹天佑成功主持修建了中国铁路史上第一条自己建筑的重要铁路——京张铁路。本着“全体中国人和外国人正密切注视着我的工作，如果我失败，不仅是我个人的不幸，也是全体中国工程师和所有中国人的不幸，因为人们将不再信任中国工程师了”的心情，詹天佑克服了重重困难，终于提前两年完工，还节省了二十八万八千余两银子。京张铁路的完工，詹天佑受到了中外的称赞，清政府特别授予他工科进士第一名的称号，美国土木工程师学会也将他选为会员，这也是该会第一位中国工程师。

詹天佑从1887年从事中国铁路事业起，到1919年病逝的32年间，主持修建了京张、津沪、西陵支线、沪宁、潮汕、粤汉、川汉、道清、萍醴等铁路工程，足迹遍布大江南北，长城内外，他的名字已经深深地刻在了祖国铁路史上。

为了纪念这位中国最早的杰出的铁路工程师，八达岭附近有一座他的铜像，供世人瞻仰。

成长启迪：

顽皮是孩子的天性，许多孩子正是在“实践”中发现秘密，获得真知。如果父母对孩子的“顽皮”粗暴干涉，那无疑就扼杀了孩子的天性。如果当初詹天佑的父亲也像他的母亲那样专制，詹天佑很可能成为一个碌碌无为的人，但开明的父亲却有效地保护了儿子的兴趣所在，使詹天佑能够继续追求自己的梦想。现如今，不少家长只一门心思关注孩子的考试成绩，至于孩子的“业余爱好”在他们眼里就是不务正业。事实上，一张一弛是文武之道，一个孩子玩不好，那肯定也学不好。这是许多家长没有认识到的。詹天佑的父亲对待孩子的做法应该令某些家长有所启发。

齐白石：《芥子园画谱》让他如获至宝

有一年，他给一家雕花时，无意间发现一本清乾隆年间的五彩套印《芥子园画谱》，他如获至宝，兴奋极了。于是，他利用业余时间一幅一幅地临摹描红，足足画了半年。从那时起，他依据《芥子园画谱》刻出的雕花新样子开始在乡间流传，成为当地的雕花名手。最终，齐白石走向了成功，成了20世纪的著名画家和书法篆刻家。

Qi Baishi

[只要好好努力，什么时候都可能做成事情。——齐白石]

齐白石（1864~1957），湖南湘潭人，著名画家和书法篆刻家，曾任中央美术学院名誉教授、北京画院名誉院长、中国美术家协会主席。

齐白石家境贫困，世代务农。他小时候曾在外祖父的私塾中读过书，可是只读了半年，就因为家庭困难辍学了。他每天砍柴、放牛、种田，什么粗重的农活都干过。

劳作之余，年少的齐白石对学画表现出了浓厚的兴趣，他经常坐在池塘边、地垄上，细心观察各种花鸟鱼虫的形态变化，用手指或树枝在地上描画，慢慢地别人都说画得像。

齐白石跟着叔祖父学做木工，后来学雕花木工。那时雕花，差不多都是千篇一律，他却推陈出新，想出许多新的花样。那时，这方面的内容没有现成的例子可学，齐白石每取得一点进步，完全依靠自己的领悟。

有一年，他给一家雕花时，无意间发现一本清乾隆年间的五彩套印《芥子园画谱》，他如获至宝，兴奋极了。于是，他利用业余时间一幅一幅地临摹描红，足足画了半年。从那时起，他依据《芥子园画谱》刻出的雕花新样子开始在乡间流传，成为当地的雕花名手，来求他画神仙圣佛画像的乡民也越来越多。

这本宝贵的《芥子园画谱》直接影响了齐白石，成了他走向艺术成功的一个重要的阶梯。

1889年，齐白石在做活的时候，认识了颇有才学的私塾先生胡自倬和陈少蕃先生，从此，他走上了专门的读书绘画的道路，几年下来，齐白石的画像技艺有了很大提高，并在传统绘画的基础之上创造了一些新技法，创作了不少富有诗情画意的作品。30多岁时，齐白石又开始苦练治印；他拜黎松安、黎铁安为师，把一枚枚印章刻了又磨掉，磨掉了又刻，学得非常辛苦。半年下来，他便掌握了汉印的基础。

1902年，年近40岁的齐白石游历了大江南北。每到一处，他都要游历当地的名山大川，了解当地的风土人情，积累了为数众多的速写作品，同时结识、拜访了许多有真才实学的画界名人，鉴赏、临摹了许多秘籍、名画、书法、碑拓等艺术品。这大大开阔了他的胸怀，提高了他的审美能力和鉴赏能力。

1909年暮秋，齐白石回到故乡，购置了“寄萍堂”居住，这一住就是10年。这期间，齐白石每天除坚持作画外，就是用功苦读诗词，闭门自修。通过这10年的刻苦磨砺，基本上形成了齐白石朴实、自然的创作风格。

1919年初春，齐白石已经56岁了，他决计北上，定居北京。初到北京后，齐白石的画并不能卖出，仅靠治印以为生，生活极为贫困。但他不断地从黄宾虹等人的画中汲取营养，后来他创造了中国画工笔草虫和写意花卉相结合的特殊风格，终于在陈师曾的提携下，名声大震。并于1927年初春，被国立北平艺术专科学校校长林风眠聘请为教授。他把自己几十年的绘画创作经验毫无保留地传授给学生，著名画家王雪涛、李苦禅、李可染等，都成了他的得意门生。在十多年中他居然创作出了万幅以上的作品。

80岁前后，齐白石的制印的篆法、章法、刀法都表现出了鲜明的特色，被誉为“印坛泰斗”。其画作造型简括、神态生动、笔力雄健、墨色强烈，书与印苍劲豪迈、刀笔泼辣、神奇趣逸。他将画、印、诗、书熔为一炉，使中国传统艺术水平升到新的高度。

齐白石因为从小生活在社会底层的缘故，懂得劳动人民的疾苦，养成了他热爱祖国的高尚品质。在抗日战争时期，他戏弄汉奸的故事在民间广为流传。

当时北平的伪警司令、大特务头子宣铁吾过生日，一定要邀请国画大师齐白石赴宴作画。齐白石来到宴会上，环顾了一下满堂宾客，略为思索，铺纸挥洒。一会儿工夫，一只水墨螃蟹跃然纸上。众人赞不绝口，宣铁吾喜形于色。不料，齐白石笔锋轻轻一挥，在画上题了一行字——“横行到几时”，后书“铁吾将军”，然后仰头拂袖而去。

还有一次，一个汉奸向他求画，齐白石画了一个涂着白鼻子、头戴乌纱帽的不倒翁，还题了一首诗：乌纱白扇俨然官，不倒原来泥半团，将妆忽然来打破，浑身何处有心肝？

1937年，日军侵占北平。北平沦陷之后，齐白石愤然辞去了北平艺术学院教授的职务，从此紧闭大门，充分表现了这位艺术老人的民族气节。直到1945年日本投降，他才公开露面，1946年初恢复了他的卖画生涯。

1957年9月16日，齐白石大师走完了他将近一个世纪的生命历程。

齐白石是我国20世纪著名画家和书法篆刻家。由于他的杰出成就，被文化部授予“中国人民艺术家”的称号，荣获世界和平理事会1955年度国际和平金奖，1963年诞辰100周年之际被公推为“世界文化名人”。

成长启迪：

一本书可以改变一个人的世界。齐白石正是在《芥子园画谱》这本书的基础上一步步走上绘画的成功之路。由此看来，一个人不管是什么样的出身，不管将来从事什么样的工作，读书对他来说都是十分必要十分有益的。

孙中山：太平天国的故事让他悠然神往

村里有位老伯参加过太平天国起义，他经常给孩子们讲太平大国的战斗故事。听了这些故事以后，孙中山渴望自己长大以后做第二个洪秀全。

Sun Zhongshan

[吾志所向，一往无前；百折不挠，愈挫愈奋。
——孙中山]

孙中山（1866~1925），名文，字德明，号逸仙，广东中山市人。杰出的爱国主义者，中国伟大的民主先行者，中华民国临时大总统。

孙中山出生在一个佃农家庭，他的父亲为了养家糊口，到澳门去打工，辛辛苦苦赚到一点钱就捎回家。中山在6岁时，就随姐姐上山砍柴、打猪草，再大些，还要给别人家放牛，因为要靠那家的牛给自己家犁田。

孙中山小时候喜欢打抱不平。碰到两个小孩打架，他就会走过去问个究竟，弄清楚怎么回事后，就支持有道理的一边。有一次，一个人仗着个子比孙中山高，谩骂他的父母。孙中山听了十分气愤，和他争辩。那人把孙中山打得昏了过去。乡亲们把他救过来，他还是不认输。乡亲们见他倔强，送他一个绰号叫“石头仔”。

有一次，一群清兵到他们村抓人，还强占了那家房产。可是没人敢出来说话。孙中山走上前去，质问清兵：“他们又不是贼，你们凭什么抓人？还有没有王法！”“王法？我就是王法！滚开！”中山势单力薄，根本不是清兵的对手。他只有在心里恨恨地想，等我长大了，一定不再受你们的欺负。

那时候太平天国运动已经被清政府镇压下去，但民间里的传说仍然很多。村里有位老伯参加过太平天国起义，他经常给孩子们讲太平天国的战斗故事：“天王洪秀全就是我们广东人，他在广西起义，一路打到南京，打下了中国的半壁江山。”

“后来呢？”小伙伴们凝神听着。

“后来在南京建了都。太平天国有制度，每家都可以分到田地，自己耕种。太平军里有纪律，不准吸鸦片，不准贩卖人口，女孩子不用裹小脚……”听了这些故事以后，孙中山渴望自己长大以后做第二个洪秀全。

孙中山的大哥早年去了夏威夷，做生意攒了些钱，由于父亲病故，大哥便让母亲带中山去夏威夷读书。如果说13岁的中山第一次坐上轮船，面对浩瀚无垠的大海，更多的是新奇与憧憬，那么4年后，他在回到祖国时，面对大海，他想得更多的是清朝的腐败与无能。他深深感到几千年的文明古国，已经落后于西方国家，中国要振兴，应该学习西方的先进技术。他下定决心要推翻清王朝，建立一个民主自由的新中国。此时，他对太平天国运动已经有了全面了解，从中吸取了不少经验教训。他认识到洪秀全领导的太平天国运动的局限性，也有了新的政治主张，决心开辟出一个崭新的“大同世界”。

但国内活动太过危险，于是他由上海赴檀香山，在他哥哥孙眉和华

成长启迪：

童年的记忆对一个人的影响是巨大的，太平天国的故事让孙中山念念不忘要做第二个洪秀全。他的一生都在为建立一个自由民主的新中国而奋斗。

侨支持下，于1894年11月24日在当地创立了叫做“兴中会”的革命组织。1895年10月准备发动广州起义，因泄密失败，流亡日本。后又从日本到美国，再到英国，宣传革命，筹集资金发展会员。1896年10月，他不幸在伦敦被清使馆诱捕。被捕期间，他受尽毒打，幸而在西方政府的干涉下得以脱险。之后，他在大英博物馆潜心研究西方政治、经济理论，逐渐形成三民主义思想理论。以后，又联合各革命团体成立“中国同盟会”，提出“驱逐鞑虏，恢复中华，建立民国，平均地权”的革命主张。

与此同时孙中山筹集经费购买武器，回国起义，10年之间他先后领导革命党人连续举行8次武装起义。这些起义虽然都失败了，但沉重地打击了清朝腐朽统治。1911年，武昌起义终于使得清政府彻底垮台了。1912年1月1日，中华民国临时政府成立，他就任临时大总统。这时的孙中山虽然实现了当初的理想，但他并没有像洪秀全那样头脑发热，他的心里始终装着老百姓。

1922年，孙中山毅然接受共产国际和中国共产党的帮助，决心改组国民党。1924年1月，他在广州召开中国国民党第一次全国代表大会，通过宣言，实行“联俄、联共、扶助农工”三大政策，重新解释三民主义，实现了伟大的转变，促进了中国革命的新发展。

1924年10月，冯玉祥在北京发动政变，电邀孙中山北上共商国事。为了宣传革命，实现国家统一，他于11月抱病北上。由于多年从事革命活动，他积劳成疾，1925年3月12日病逝于北京。孙中山的一生都在为中华民族的光明未来作艰苦卓绝的斗争，到了晚年，他被人们称为“国父”。

鲁迅：一部电影让他弃医从文

看了这部电影之后，他的灵魂受到了极大的震撼。在他看来，愚蠢的国民即使拥有健壮的体魄，也只能充当无聊的看客，国破家亡的危难时刻，医治国民的身体不如医治他们的心灵，于是他放弃学医，改为从事文学活动，以笔当枪，向旧社会、恶势力宣战。

Lu Xun

[哪里有天才，我是把别人喝咖啡的工夫都用在工作上的。——鲁迅]

鲁迅（1881~1936），原名周树人，生于浙江绍兴，伟大的文学家、革命家、民主主义战士。

鲁迅的祖父在京城任内阁中书，所以鲁迅一家在绍兴也算是一户豪门大富。童年时代，鲁迅一直在私塾读书，生活快乐。可是天有不测风云，在他13岁那年，因祖父在一桩科场案中惹下大祸，因此全家都受到了牵连，那一年鲁迅跟随家人逃到了乡下。紧接着的灾难便是父亲病故，从此全家人过着凄凉的生活。

17岁时，鲁迅考入了南京的江南水师学堂，在这里他初次接受西学，逐渐受到了早期进化论的影响。之后，他举债读书，到日本去留学。

1904年，鲁迅入仙台医学专门学校，在那里他认识了藤野先生。后来他看了一部侮辱中国人的日本影片。在片中，有这么一个情节，一个中国的革命者被押上了断头台，很多迂腐的百姓前去围观，并发出阵阵喝彩声。

早年，鲁迅之所以选择学医，是因为父亲有病不能医触动了他的灵魂，看了这部电影之后，他的灵魂受到了更大的震撼。在他看来，愚蠢的国民即使拥有健壮的体魄，也只能充当无聊的看客，国破家亡的危难时刻，医治国民的身体不如医治他们的心灵，于是他放弃学医，改为从事文学活动，以笔当枪，向旧社会、恶势力宣战。

1909年，鲁迅回国，先后在杭州、绍兴教书。辛亥革命后，先后在南京临时政府和北京政府教育部任职。1918年5月，在《新青年》上发表了中国现代文学史上第一部白话小说《狂人日记》，在社会上引起强烈的反响。此后，又连续发表小说《孔乙己》、《药》、《风波》、《故乡》、《阿Q正传》、《祝福》等，更深入地揭露封建社会的黑暗。这些作品都是中国新文学的奠基之作，他塑造的主人公阿Q，是一副令人心酸的奴性形象，可以长久提醒每个中国人。

1920年至1926年，鲁迅先后在北京八所大中学兼课，成为广大革命青年敬仰的导师。除《呐喊》小说集外，他还撰写了收在《彷徨》中的11篇小说；出版了散文诗集《野草》、杂文集《华盖集》和《华盖集续编》，为培育文艺新苗，广泛制造“批评社会，批评文明”的进步舆论，他发起并领导了莽原社和未名社。

1926年8月，鲁迅因支持北京学生爱国运动，被反动政府所迫害，从此鲁迅便过上了东躲西藏的逃亡生活。

在动荡的生活中，他依然用自己的“匕首”、“投枪”式的笔，与反动政府不屈地战斗，激励中国人民追求自由民主、科学自强的理想。“四一二”反革命政变后到上海，仍坚持用笔战斗，以杂文为武器，猛烈抨击封建黑暗势力，批评国民党政府的各项反动政策。鲁迅是现代中国人的精神的象征，同时也是中国知识分子的一个了不起的榜样。

成长启迪：

一部影片让鲁迅先生弃医从文，这是一个有良知、有尊严、有爱国心的人才有的正义之举。家长和老师要从小对孩子进行爱国主义教育。爱国主义教育不能光停留在口头上、形式上，而要落实到具体行动上。

冯如：舅舅改变了他的命运

12岁那一年，因为遇到了自然灾害，冯如家里更困难了，冯如也因此上不起学。正在这时，在美国的舅舅来到他家，他见冯如这么聪明，而家里又没有钱让他上学，便跟冯如的父母商量，要带冯如去美国。冯如的父母亲虽不舍得让他走，但为了儿子的前途，就答应了。全新的环境却给冯如学习西方先进科学技术提供了一个舞台，为今后从事航空事业打下了坚实的基础。

Feng Ru

[不图个人的名与利，只是为了一个崇高的理想。
——冯如]

冯如（1883~1912），广东恩平人，我国最早的航空学家。

冯如小时候家里很穷，他的4个哥哥因为生病没钱医治而先后去世。只有冯如得以幸存。父母都认为家里就剩下这一棵独苗了，怎么也要让他学点本事才行，于是老两口便省吃俭用，从牙缝里挤出了一点钱来让冯如上了小学。冯如聪明好学，老师非常喜欢他。12岁那一年，因为遇到了自然灾害，冯如家里更困难了，冯如也因此上不起学。

正在这时，在美国的舅舅来到他家，他见冯如这么聪明，而家里又没有钱让他上学，便跟冯如的父母商量，要带冯如去美国。冯如的父母亲虽不舍得让他走，但为了儿子的前途，就答应了。

冯如跟着舅舅来到了美国西部的旧金山(当时叫做三藩市)，找到了一个打杂的活儿。虽然工作很苦，但这个全新的环境却给冯如学习西方先进科学技术提供了一个舞台。来到这里之后，他接触到了更多先进的理论知识，为以后从事航空事业打下了坚实的基础。

冯如白天工作完以后，便利用晚上的时间到学校学习英语。一年以后，冯如不仅能说英语，同时还会看英文，他经常买一些书刊来看，他逐渐认识到美国之所以富强，是因为他们有先进的技术。

冯如想到了自己贫穷落后的祖国，他想：中国要富强，要发展工业技术才行。为了扩大视野，他独自一人来到了纽约一家工厂当工人。他很节俭，想省下更多的钱来买书。冯如常常一边看书一边动手制作一些东西，他根据书上的知识制造出了抽水机、打桩机，并且还制造出一台能收发的无线电报机。他这一举动让许多美国青年佩服不已。

1903年，当得知莱特兄弟发明了飞机后，冯如决心要依靠中国人的力量来制造飞机。他得到当地华侨的赞助，于1907年在旧金山以东的奥克兰设立飞机制造厂，1909年正式成立广东飞行器公司，冯如任总工程师。公司于当年便投入制造飞机。

一天，冯如看报时，一个醒目的标题吸引了他——美国莱特兄弟制造飞机成功！冯如平时对飞机这个名词也有所了解，他知道这项发明，不仅对美国人是一件了不起的事情，而且对全世界来说都是一件非常了不起的事。

有一年，日本侵略中国，侵占了东北地区，对此清政府毫无办法。冯如想，要是中国有了飞机，可以用飞机来做武器，这样就可以打败日本了。为了制造飞机，冯如来到旧金山，找舅舅帮忙。舅舅很支持冯如的想法，但是舅舅也不是很富有，后来，舅舅从很多爱国华侨那里筹集了一笔钱给冯如。

得到这些资金以后，冯如便在简易的工棚里开始了工作，经过8个月的艰苦奋战，冯如和他的助手们终于制造出了第一架飞机。1909年9月21日，冯如于黄昏时在奥克兰附近一个圆形山丘旁进行了第一次试飞，这是一个远离居民点的地方，在场的除记者外，就是他的三个助手。当飞机起飞后飞行了0.8公里，离地4.57米准备作一次转弯时，螺旋桨突然停转，飞机摔在地面，冯如被摔出机外，幸没受伤。造成事故的原因是由于螺旋桨桨轴螺丝拧得太紧，致使桨根断裂。

祸不单行，没多久厂房又失火了。面对这么大的困难，冯如没有退缩，而是继续干下去。舅舅被外甥的决心感动了，于是再次组织华侨集资筹款。可是正在冯如重新开始的时候，父母亲却来了一封信，让他回家去。原因是父母亲年岁已高，恐怕今后难得见上儿子一面了。冯如理解父母的心情，可是他报国心切，他写信告诉父母他一定要为祖国制造出一架飞机来才回国。

冯如总结了失败的原因，1909年9月，他的第三架试验飞机终于制造出来了。助手为了他的安全，都争着要去完成这个任务，最后还是由冯如亲自驾驶着飞机飞向奥克兰市的上空。飞机大约飞行了805米，打破了莱特兄弟在1903年创造的259米的纪录。

冯如的举动，让美国人既震惊又佩服，当时美国报纸为此而写了一篇长篇报道，标题是《中国人的航空技术超过了西方》。华侨们听说冯如成功了，也纷纷进行投资。冯如便借此组建了一个机器制造公司，他任公司的总机械师。

后来国际飞行协会在旧金山举行飞行比赛，冯如报名参加这次比赛。当时在美国为革命奔走的孙中山也来观看了冯如的这一次表演，结果冯如以时速104公里，高度213米，飞行距离32公里的成绩夺得了这一次比赛的冠军，获得美国国际航空学会颁发的甲等飞行员证书。作为世界一流的航空专家，冯如引起了世界瞩目。

美国许多商人为了买到冯如的技术，不惜重金聘请冯如。面对金钱的诱惑，冯如没有动心，他首先想到的是祖国。1911年的春天，他带着自己的三名助手回到了中国。

辛亥革命后，冯如被广东革命军政府委任为飞行队长。1912年8月25日，广州郊区燕塘操场上热闹非常，人们如海水一般地涌向这里。只见一个人站在飞机上在向人们演讲，并向人们介绍飞机的性能。他在一片欢呼声中爬进了飞机驾驶舱，然后驾驶着这架飞机飞向了蓝天。

他驾驶着飞机在蓝天上表演了许多人们从未见过的高难度动作，大家全都看呆了。飞机降落的时候，几个孩子突然跑上了跑道，为了孩子的安全，飞行员只好猛拉操纵杆，让飞机上升，可是锈损的机件却失灵了，飞机失去了平衡而坠落地面，当人们赶去营救时，飞行员已倒在了血泊之中。

冯如在广州燕塘飞行表演中不幸失事牺牲之后，被追授为陆军少将，遗体安葬在黄花岗，并立碑纪念，被尊为“中国首创飞行大家”。

成长启迪：

舅舅不仅仅解决了冯如家庭经济困难，还给了冯如一个崭新的世界，正是在新的成长环境下，冯如才一步步走上了科学的成功之路。因此，作为家长，应该清醒地认识到，环境可以改变一个人的命运，应该尽最大的可能给孩子造就一个成长成才的良好环境。

李四光：一块大石头引发了他的好奇心

有一天，小四光突然想到，在平整的草坪上，这块凸起的大石头屹立在这儿，显得十分不相称。李四光又去问村里见多识广的陈二爹。陈二爹说，“别人都说，它是从天上掉下来的。”这下小四光更不明白了，他又去问爸爸：那块石头是从天上落下来的吗？小四光非得打破沙锅问到底。多年后，这个使他迷惑不解的问题终于在他的研究下，找到了满意的解释和科学的答案。

Li Siguang

[人们解决世上所有的问题，是用大脑、能力和智慧，而不是搬书本。——李四光]

李四光（1889~1971），原名仲揆，湖北黄冈人，著名地质学家。他在发现中国第四纪冰川、创立地质力学、石油探索等领域建立了卓越的功勋。

李四光小时候经常和小伙伴们在一块大坪上玩捉迷藏的游戏。小朋友有的藏在草垛背后，有的藏在大树背后，而他最喜欢藏在一块大石头的背后。

有一天，小四光突然想到，在平整的草坪上，这块凸起的大石头屹立在这儿，显得十分不相称。他问小伙伴们："哎，你们说，为什么平地上会有这么一块大石头呢？""哈哈哈！"小伙伴们一阵哄笑，他们觉得这个问题问得太可笑了！"当然是本来就有呗！"

李四光又去问村里见多识广的陈二爹。"陈二爹，您说坪上那块石头，是从哪里来的呢？"

"噢，"陈二爹说，"别人都说，它是从天上掉下来的。"

这下小四光更不明白了，他又去问爸爸："爸爸，陈二爹说，坪上那块石头是天上掉下来的。您说是真的吗？"

父亲想了一想说："也有可能。天上的流星落到地上，就变成了石头，叫'陨石'。"

"那块石头真的是从天上落下来的？"小四光非得打破沙锅问到底。

"我也不能确定。"父亲说。

李四光感到不满足："它到底是从哪里来的呢？"

父亲回答不了他，他就下决心，长大了一定要当个科学家，探求其中的奥秘。

李四光从小上的是私塾，后来到武昌求学。从乡下来的他，对武昌这座大城市是既害怕又好奇。他到武昌水陆街的湖北省学务处报名，小心谨慎地从钱袋子里掏出一元钱买了一张报名表。由于工作人员态度不好，弄得这个乡下来的孩子很紧张，在填表时，把自己的年龄（十四）填在了姓名栏里，旁边的同学发现后，提醒了他。

填错了就得重新买一张报名表，一元钱对于有钱人家的孩子来说算不了什么，可是对于借钱读书的乡下孩子来说却来之不易。他想了想决定把原名李仲揆改了，于是他把"十"改成了"李"，然后把"四"

保留了下来。“李仲揆”变成了“李四”，他念来念去，总觉得这个名字太俗，这时候他抬头看到大厅中央的一块横匾上刻着四个大字：“光被四表”，就在“李四”后面加了一个“光”字，于是李仲揆变成了李四光。

李四光以优异的成绩考入了武昌高等小学堂。进入武昌小学堂以后，他的成绩一直非常优秀，没过几年，便被保送到了日本留学。

李四光在日本学的是造船专业，在那里他认识了孙中山、宋教仁、黄兴等革命者，这些革命者对他的影响非常大。

学习造船业的李四光回国以后找不到一个适合于自己的职业，因为那时的中国很穷，根本就没有什么钢材来建造船只，所以李四光的专业看起来是白学了。再加上他积极参加的辛亥革命又失败了，1913年7月，李四光再次出国深造，这一次他来到英国的伯明翰大学学习采矿专业，他想在学成归国以后把我国的铁矿开采出来炼成钢，这样一来就有造船的材料了。

可是在英国学习了一年以后，他又决定改学地质，因为他觉得，如果不知道矿藏在哪里是不能开采的，还是不能达到目的。这样一来，学地质便成了他终生的选择。

后来他到欧洲的阿尔卑斯山考察了那里的冰川。回国以后，李四光在太行山麓的一次地质考察中，第一次发现了中国第四纪冰川存在的遗迹。这时，李四光开始意识到，故乡那块凸突的大石头，也许是被冰川推移过来的一块大漂砾。

1933年，李四光再次回到故乡，对这块凸起的大石头进行了一番仔细的考察，鉴定出它是片麻岩，不是陨石。而在那一带地区的地层外没有这种片麻岩，说明它不是原来就有的石头。那什么地方有片麻岩石呢？秦岭！这块巨大的岩石可能来自秦岭。

如果这是事实，那么，究竟是什么力量将这么巨大的岩石推移到这么远的地方来呢？冰川！只有冰川能将它推移到这儿来，它是一块巨大的冰川漂砾。

进一步考察以后，李四光发现这一带广泛分布着冰川带来的砾石和黏土堆积物。他专门写了一篇《扬子江流域第四纪冰期》的论文。在这篇论文中，李四光特别提到了他儿时捉迷藏玩的大石头。这个“使他迷惑不解达四分之一世纪”的问题，终于找到了满意的解释和科学的答案。

成长启迪：

年少时见到的一块大石头，让李四光苦苦研究了几十年，这实在太让人感动了。看来，干任何事情除了具备一定天赋和才华，更不可缺少的是一种毅力。

竺可桢：

石板上的一个小水坑成了他生命中的转折点

父亲见儿子好学上进，心里很高兴，耐心地向他解释说："小熊咧，这就叫'水滴石穿'呀！别看一滴一滴的雨水没有什么厉害的，但是，天长日久，石板就被滴出小坑了。读书、办事情，也是这个道理，只有持之以恒，才会成功。"从此，"水滴石穿"的教诲成了竺可桢一生的座右铭。

Zhu Kezhen

[提倡科学，不但要晓得科学的方法，而尤贵在乎认清科学的目标。——竺可桢]

竺可桢（1890~1974），浙江绍兴人，我国著名气象学家、教育家。

竺可桢的父亲是个粮商，可桢出生时他给孩子起名叫阿熊。父亲又一想，孩子应该有个学名才好。镇上的私塾先生将儿子学名取为“可桢”，就是将来可以成为国家栋梁的意思。竺可桢的父亲对这个名字感到很满意。小熊才1岁半时，父亲就用方纸片写字教他认。等到小熊满两岁时，已经认识许多字，可以背诵十几首唐诗了。大哥也成了小熊的启蒙老师，教他写字背诗，还给他讲故事。

竺可桢5岁进学堂，7岁开始写作文。他平时读书很用功，有天晚上，当他学习后，上床睡觉时，大公鸡已经“喔喔”地啼叫了。母亲怕累坏了他的身子，就常常用陪学的办法促他早睡。竺可桢很聪明，有时随母亲睡了，可当他听到鸡叫时，知道天快亮了，又轻轻地爬起来，背诵老师教的国语课文。

竺可桢不仅爱学习，还爱思考问题。他的家乡雨水特别多，屋檐上老是滴水，落在石板上发出“滴滴答答”的响声。竺可桢站在一旁数那滴答作响的水滴，数着数着，他发现了奇迹，哎，这些石板上怎么有一个一个的水坑呀，水滴正好滴在小坑里。再看看另外一块石板，也是同样的情况。他立即跑去请教父亲。父亲见儿子好学上进，心里很高兴，耐心地向他解释说：“小熊咧，这就叫‘水滴石穿’呀！别看一滴一滴的雨水没有什么厉害的，但是，天长日久，石板就被滴出小坑了。读书、办事情，也是这个道理，只有持之以恒，才会成功。”从此，“水滴石穿”的教诲成了竺可桢一生的座右铭。从小学、中学直到大学，他一直用这句话鼓励自己，学习成绩一直处于领先地位。

1910年，竺可桢去美国留学，8年后，他获得哈佛大学博士学位回国。他看到中国没有自己的气象站，气象预报和资料竟由别的国家控制，在抗战爆发前的十余年间，他靠着水滴石穿的韧劲，不辞辛劳在全国各地建立了40多个气象站和100多个雨量观测站，初步奠定了中国自己的气象观测网。

竺可桢有记日记的习惯，主要记录了气象研究的各种资料，每当自己稍有懈怠的时候，他就想起水滴石穿的故事来，于是继续持之以恒地工作。

可惜由于战乱，竺可桢只保存下了1936年到1974年2月6日之间写下的日记，但这已经非常宝贵了，因为在这近40年时间里，竺可桢的日记竟然一天也未间断！这些日记共计800多万字。直到他去世前一天，还用颤抖的笔在日记本上记下了当天的气温、风力等数据，实在是难能可贵。

成长启迪：

石板上有一个小水坑，这是再常见不过的事情了。可是父亲并不就事论事，而是恰到好处地教育儿子读书做事的道理，这种寓教于乐的教育方式比起那些枯燥的理论教育更容易让人接受，效果也更好。

阿炳：击鼓解气使他走上了音乐之路

在外面受了气，阿炳又只好回到了道观中，他看到了道观中放着木鼓，于是就上去用力地敲打起来。一直敲到精疲力竭，才觉得心里好受些。父亲出来看阿炳在狠命地敲鼓，知道他心中有气，也不劝阻他，一直到阿炳敲累了，父亲才说："如果你想敲鼓，就好好地学吧，以后不要到外面去了。"就这样，父亲开始教阿炳学击鼓。刚开始阿炳只是觉得解气好玩，但是慢慢地他开始迷上了音乐。

A Bing

[苦难能使人变得坚强。——阿炳]

阿炳（1893~1950），生于江苏无锡，著名的音乐大师，代表作《二泉映月》。

阿炳的父亲名叫华清和，是一个道士，阿炳是他的私生子，母亲在阿炳一岁的时候就去世了，阿炳只好和自己的叔叔生活在一起。由于缺少母爱，阿炳从小郁郁寡欢，经常和邻居家的小孩子们吵架，他的父亲觉得这样下去不行，于是就在阿炳4岁的时候，把他接到了自己的身边，就这样阿炳随父亲在无锡雷尊殿做了小道士。

虽然做了道士，阿炳一开始还是很不适应这种冷清的生活，他经常偷偷溜出道观一个人跑到街上去玩。街上的那些富人家的小孩子一看到阿炳，就过来嘲笑他是道士的私生子，阿炳气不过就和他们厮打起来。在外面受了气，阿炳又只好回到了道观中。他看到道观中放着木鼓，于是就上去用力地敲打起来。一直敲到了精疲力竭，才觉得心里好受些。

父亲出来看阿炳在狠命地敲鼓，知道他心中有气，也不劝阻他，一直到阿炳敲累了，父亲才说："如果你想敲鼓，就好好地学吧，以后不要到外面去了。"

就这样，父亲开始教阿炳学击鼓。刚开始阿炳只是觉得解气好玩，但是慢慢地他开始迷上了音乐。他的父亲就擅长好几种乐器，于是阿炳对父亲说：

"爸爸，我也想学演奏乐器。"

华清和说："孩子学乐器要吃很多苦，你能行吗？"

阿炳说："行，我一定能坚持下来的。"

就这样阿炳开始跟父亲学器乐。父亲对他的要求非常严格，每天清晨很早就让他起来练习吹笛子，等他能吹基本音阶时，父亲又给笛子的尾部挂上一个秤砣，让他坚持练习。阿炳奇怪地问："为什么要加上秤砣呢？"

父亲说："这样可以锻炼你的腕力。你现在手上的力气太小了。"

每天空闲的时候，阿炳就拿着筷子在方砖上练习击鼓，父亲让他一天要击上好几万下。由于阿炳勤学苦练，他很快就学会了好几种乐器，但是父亲还是让他继续苦练。他对阿炳说："仅仅学会是远远不够的，你必须要练得非常精通才行。”

由于经常有人请道士们做道场，阿炳就有机会看到道士们在一起演奏乐器。他十分好学，到13岁的时候，阿炳就已经精通了很多种乐器了。

1906年的某一天，无锡的一个道观正在准备做道场，大家都已经做好开场的准备了，才发现打鼓的老道士病了，不能上场，大家都非常着急，互相张望着不知道如何是好。这时候走出来一个十二三岁的小道士，毛遂自荐地说：“让我来替他击鼓吧！”

“你行吗？”大家都很惊讶地看着他。因为击鼓是非常需要功力的一种技艺。但是大家又没有别的法子，于是就答应让小道士试试。结果道场做下来后，大家都为小道士精湛的技艺感到吃惊，情不自禁地叫起好来。他们将阿炳称为“小天师”。

这以后，阿炳就开始正式登场演奏。几年下来，阿炳在无锡道教界中，成为了公认的技艺超群的人物。

此时的阿炳已不仅仅只是个痴迷打鼓的小道士了，他从打鼓起步，已经成为了著名的演奏家。但他并不自满，他知道要真正搞好音乐，就不能只局限在道教音乐中，于是他经常利用演出的机会，拜师访友，提高自己的技艺。有一次他在街上遇到了一个拉二胡的民间老艺人，阿炳立刻被他的乐曲吸引住了。他在那里听了很久，觉得老人的技艺很高，于是谦虚地向老人请教说：

“老人家，您拉的是什么曲子呢？这乐曲真是太好了。”

老艺人说：“这是我自己编的小曲，我沿街卖艺好多年了，还从来没有人对这些小曲感兴趣呢。”

阿炳很诚恳地说：“老人家，您收我做个学生吧。”

老艺人被他的诚心打动了，就这样阿炳向老艺人学习民间音乐，同时也向他学习乐曲的创作。老人将自己的技艺全部教给了阿炳，这为阿炳后来的乐曲创作打下了扎实的基础。

正当阿炳踌躇满志准备向音乐高峰攀登的时候，天有不测风云，阿炳的视力开始出现了问题，并且越来越严重，到30多岁的时候，他已经完全失明了。这使得阿炳遭受了极大的打击，但是他以顽强的毅力战胜

成长启迪：

艺术是相通的，阿炳由击鼓解气而爱上了音乐演奏，最终成为一代音乐大师。当然，阿炳的成功是与勤奋努力分不开的。干任何事情，光有兴趣而不去努力，舍不得吃苦，是很难取得成功的。

了痛苦，他把所有的精力用在了音乐创作上，将自己所感受的痛苦都融入了音乐，创作了《二泉映月》等很多杰出的乐曲，成为了一代音乐大师。

徐悲鸿：
大自然给了他艺术熏陶

父亲经常带他游历附近的江河山川，教他学会欣赏和观察大自然。绚丽多彩的晚霞，青翠欲滴的竹林，千姿百态的奇石，温顺的牛，飞奔的马，变幻无穷的人间百态，都是他悉心观察的对象。这一切对徐悲鸿的一生影响很大。

Xu Beihong

[一个人到了山穷水尽的地步而能够自拔，才不算懦弱啊！——徐悲鸿]

徐悲鸿（1895~1953），江苏宜兴人，中国现代美术的奠基者，杰出的画家和美术教育家。曾任中央美术学院院长和中国美术家协会主席。

童年时的徐悲鸿因为家里穷，没有上过学。他的父亲徐达章，靠自学成为当地有名的画家，而且诗词、书法、篆刻也样样精通。

徐悲鸿在父亲身边耳濡目染，从小就对绘画产生了极大的兴趣。父亲经常带他游历附近的江河山川，教他学会欣赏和观察大自然。绚丽多彩的晚霞，青翠欲滴的竹林，千姿百态的奇石，温顺的牛，飞奔的马，变幻无穷的人间百态，都是他悉心观察的对象。这一切对徐悲鸿的一生影响很大。

9岁时，徐悲鸿正式学画，每日临摹一幅吴友如的国画或人物画。吴友如是清末最杰出的插图画家，在尺幅之间可以把花鸟鱼虫、亭台楼阁甚至千军万马画得栩栩如生，使徐悲鸿很羡慕。

徐悲鸿虽然也热衷于临摹，但他更喜欢独立创作，美好的自然景致成了他创作的源泉，生活就是他最好的老师。为了画好人物画，弟弟、妹妹和邻居都成了徐悲鸿的模特。有一次，父亲出门回来，问徐悲鸿有人来过没有，徐悲鸿拿出来人的肖像给父亲看，父亲就知道来人是谁了。

除此之外，徐悲鸿还注意汲取各派名家的长处，他每次随父亲进城，一定要到画店观赏石涛、八大山人、任伯年等著名画家的作品，回家后再凭记忆默画。

徐悲鸿的最大快乐是去茶馆听书。他最喜欢听《三国演义》、《岳飞传》、《水浒》。那些英雄人物鲜明地活跃在他的脑海里。听完了书，他马上跑回家，按照自己的想像，把英雄画下来。很快，一幅幅身披战袍、手持长矛、跃马飞奔的英雄像画好了。他把它们剪下来，挂在竹竿上，得意地举着它在镇上跑来跑去，不一会儿，成群的孩子快乐地跟着他跑，一面高声呼喊着，仿佛一支除暴安良的好汉队伍。

徐悲鸿17岁时已成为当地有名的画家，同时在三所学校教授美术。后来他只身来到上海，渴望接受更高的教育。他给在上海中国公学担任教职的一位同乡写信并附寄了作品，这位同乡将作品送交校长并得到许诺，可以给他一个教职。徐悲鸿欣喜万分，辞职前往上海，但哪知这位校长在看到了徐悲鸿一副穷苦青年的样子后大有悔意，当即毁约。徐悲鸿不得不失望而回。第二年，徐悲鸿再次来到上海，考取了复旦大学的法文系，他一边读书，一边画画，一边打工谋生。

有一次，美术馆让他画4幅仕女图。这4幅画最快也要一个星期才能画好，徐悲鸿的口袋里只有5个铜板了，而一个铜板只能买一个饭团。画到最后，徐悲鸿饿得头晕目眩、眼冒金星，但他还是坚持把仕女图画完了。

徐悲鸿没有向困难低头，他抓住了一个改变命运的机会。他为哈同花园画的仓颉画像赢得各方好评，得到1600元大洋酬金，他用这笔钱圆了出国求学的梦想。1919年，法语学成后，徐悲鸿萌发壮志，到法国巴黎求学。他以优异的成绩考取了官费留学生。因为带着自己的妻子，靠着一个人的公费，徐悲鸿的留学生活相当清苦，但他省吃俭用，努力求学。在班上，他每次考试都名列前茅。

课堂之外，徐悲鸿也从不懈怠，他喜欢画马，但临摹别人的画作总让他觉得充满困惑，画出的作品没有生动性可言，他觉得画画也不能全凭空设想，只有深入实际，像当初跟大自然亲密接触一样才能创作出不朽的作品。

之后，他常去马场画速写，绘马的画稿，堆积了一屋子，为他后来创作闻名于世的奔马的形象打下了坚实的基础。

在巴黎学了整整8年，徐悲鸿终于以优异的成绩通过了各门功课的考试。

回到祖国，他接过了著名前辈林风眠先生的教鞭，担任了北平艺术学院院长一职。就任院长期间，他先后聘请了没有任何学历，在艺术上却卓有成就的齐白石、李苦禅、吴作人等画家到学院担任教职，为中国美术呕心沥血，培育了无数英才。

徐悲鸿成为当时美术界最有影响的人物，他的绘画取法西方古典写实主义，大力倡导用“写实主义”改造中国画。特别是他的“素描是一切造型艺术的基础”论，借助他在教育界的权威地位，在画史上产生了划时代的效果。这宣布了从顾恺之到任伯年一千多年间勾线填色形式的大体结束和一代新形式国画的诞生。他的写实主张和从苏联引进的“社会主义现实主义”并为一体，成为20世纪最大的主流画派。其影响之大是不可否认的。通过在国外举行的一年零七个月的“中国近代绘画展”的巡回展览，破除了西方人轻视中国文化艺术的偏见，在世界艺坛上为祖国文化树立了威信。

爱才惜才，不惜一切代价地培养人才，是徐悲鸿一生所坚持的。因为在他困苦的青年时期，曾有那么多热心人相助，他自己也不放过帮助任何一个有才之士的机会。徐悲鸿因为善于发现人才，造就人才，堪称美术界的伯乐。

成长启迪：

艺术来源于生活。徐悲鸿的父亲虽说是一位画家，对徐悲鸿的成才相当有利。但是父亲如果不带领儿子走出家门，儿子也不可能这么热爱自然，更不会懂得欣赏和观察自然。没有了这一切，也就没有后来的艺术生活。谁都知道，徐悲鸿的“马”，堪称画界一绝，而这一切恰恰得益于他自幼对马的详细观察。由此可以看出，聪明的家长通常不会让孩子为了学习而学习，而是寓教于乐，让孩子在快乐中获得真知。

茅以升：
一次塌桥事故让他暗下决心

他10岁那年端午节，南京举行龙舟比赛，场面非常热闹。站在岸边上的人惟恐看不到，纷纷挤上了秦淮河上的文德桥。突然，文德桥一下子塌下来，桥上的人们措手不及，掉入水中，砸死、淹死了一些人。这不幸的事件使茅以升非常震惊。他暗下决心，长大了一定要造最结实的桥。

Mao Yisheng

[任何一种对时间的点滴浪费，都无异于一种慢性自杀。——茅以升]

茅以升（1896~1980），字唐臣，江苏镇江人，著名桥梁专家、教育家。他主持建造了我国第一座现代化大桥——钱塘江大桥。

茅以升的祖父叫茅谦，是我国近代史上颇有影响的水利专家。生前写的《水利刍议》一书，至今还珍藏在北京图书馆。受祖父的影响，童年时代的茅以升就养成了爱思考的好习惯。有一年过元宵节，祖父送给以升一只“走马灯”。起初他看到这灯时，只是觉得好玩，看着看着他感到很奇怪：“这个‘灯’真的会走呀！”通过仔细观察，他明白了其中的原理，于是，他从家里又找来一枝蜡烛，放在轮子上，点燃后，“走马灯”果真转得更快了，“实验”的成功，使他心花怒放。

茅以升从小就聪明好学，7岁时进了南京思益学堂，这所学校是我国第一所新式小学。可以学习许多自然科学知识，茅以升可高兴了。求知欲特别旺盛的茅以升，有一次看到一本书上圆周率精确到了小数点后面100位，他就使劲儿背。到了新年晚会上，他一口气把100位数字准确无误地全部背了出来。在场的老师和同学都惊呆了，长时间地给他鼓掌。

茅以升的母亲叫韩石渠，是一个贤良出色的女性，虽然没上过学，但凭自学获取了很高的文学修养。她深深地懂得，要使孩子将来能报效国家，一定要让他们读书。

在茅以升的家乡，每年过端午节，都会在秦淮河上举行龙舟竞赛。茅以升10岁那年端午节，南京举行龙舟比赛，场面非常热闹。站在岸边上的人惟恐看不到，纷纷挤上了秦淮河上的文德桥。突然，文德桥一下子塌下来，桥上的人们措手不及，掉入水中，砸死、淹死了一些人。这不幸的事件使茅以升非常震惊。随之一连串的想法在他脑海里翻滚：桥为什么会坍塌？能不能造一座承载压力大而又长期不塌的桥呢？正是秦淮河上这座桥的坍塌，使少年时代的茅以升下定决心：将来上大学一定要攻读土木工程专业，一定为国家造出永不坍塌的桥梁，避免此类悲剧的发生。此后，茅以升只要看到桥，总是从桥面到桥柱看个够。只要看到有关桥的文章，就把它抄在本子上，遇到有关桥的图画就剪贴起来，时间长了，足足攒了厚厚的几大本子。

看着心爱的孙子对桥梁的兴趣一天比一天浓厚，茅以升的祖父感到由衷的高兴。他知道，对这棵向往知识、向往美好的小苗，作为长者，自己能够做也必须做的，就是悉心呵护，悉心培养，悉心引导。

祖父把孙子叫到自己身边，意味深长地给他讲了一个故事。

传说东海之滨，有一座神山，神山上住着一位神仙爷爷，他的手里有一枝很大很大的神笔。他用这枝神笔，画出了天上飞的鸟，画出了水里游的鱼，画出了高楼万丈平地起，画出了大桥如虹南北架……

茅以升双手托着下巴，听得如痴如醉，完全入了神。

“太好了，这枝神笔真奇妙。爷爷，我要有这样的一枝神笔，就可以造好多好多桥了！”

爷爷笑了。他似乎早就猜到孙子会这么想。

“世界上有许许多多的人都想得到这枝神笔，但是，要得到这枝神笔，首先要记住两个字。”

“哪两个字？”

祖父意味深长地朝茅以升望了一眼，慢慢地走到笔架前，取下一枝如椽巨笔，铺纸挥毫，写下了遒劲有力的两个大字：奋斗！

他回过头来，凝视着孙子。

“你懂了吗？”

“我懂了，只要肯奋斗，就能得到神笔，就能造出世界上最美的大桥！”

茅以升中学毕业后，以优异成绩考入唐山路矿学校，他毫不犹豫地选择了造桥专业。作为一个少年成才的学生，自然受到方方面面的关注。在开学典礼那天，校长特意在大会上向所有的来宾和师生介绍了茅以升。

面对不断涌现的赞美，茅以升表现出与年龄极不相称的冷静。他并没有沾沾自喜，而是给自己制定了严格的学习制度，每次上课前都认真预习，画出不懂的地方。上课时记下老师讲课的重点和难点，课后再参考外文书籍，整理成笔记。在校5年里，他整理的听课笔记有200本，近千万字。当时的教育部考查全国各工科大学教学成绩时，唐山路矿学校被评为第一名。在第一名的学校里，茅以升毕业考试成绩名列第一。

清华学堂向全国招收10名留美研究生考试，结果他又获得第一名。茅以升漂洋过海到美国留学，仅一年时间，便取得硕士学位，两年后获得博士学位，他的论文获得了金质奖。美国导师想留下他继续做研究，他说：“科学是没有国界的，但人是有国籍的。”毕竟，童年时代经历的塌桥事件给他的印象太深了。他要把学得的知识用于实践，在中国造现代化的大桥。

回国后，茅以升想，中国的大河上，已经有一些大桥了，但都是外国人造的。我们中国人要自己建造钱塘江大桥，外国人能干的，我们中国人也能干。

1933年，茅以升任杭州钱塘江大桥工程处处长，担纲建造钱塘江大桥。他小试牛刀，成功地采用“射水法”、“沉箱法”和“浮运法”，仅用了两年半的时间，就建成中国自建的第一座现代化大桥——钱塘江大桥。

茅以升先后出任中央研究院院士、中国工程师学会会长、交通部中国桥梁公司总经理兼总工程师。新中国成立后，又出任中国交通大学校长、上海科学技术联合会主席、中华科学技术普及协会副主席。1955年，他出任武汉长江大桥技术顾问委员会主任委员，再度受命，领衔建成备受世人瞩目的著名的武汉长江大桥……

成长启迪：

一次突发事件让茅以升萌发了造桥的念头，这在当时来说未免有些可笑，但不能不说茅以升是一个有心人，一个有着强烈的责任心和使命感的人。有志者，事竟成。茅以升儿时的梦想终于在多年后得以实现。所以说，一个人从小就该树立远大的理想，如果一个人连理想都没有，又何从谈起奋斗呢？而没有了奋斗，又怎么能取得成功呢？

朱光潜：

父亲的“禁书”给了他一次脱胎换骨的冲击

有一次，父亲要外出几天，这可是个不可多得的好机会。朱光潜鼓起勇气打开书箱，霎时间眼前一亮，有这么多好书啊！其中一本梁启超的《饮冰室文集》，让他如获至宝，爱不释手。书中激进的思想，浓烈的感情，酣畅的文字，使朱光潜对“新学”更加向往。他对梁启超太崇拜了：“这样的人生才有意义，才是有价值的人生，我也要成为他那样的人。”

Zhu Guangqian

[有些人天资颇高而成就则平凡，他们好比有大本钱而没有做出大生意；也有些人天资并不特异而成就则斐然可观，他们好比拿小本钱而做大生意。这中间的差别就在努力与不努力了。——朱光潜]

朱光潜（1897~1986），笔名孟实，安徽桐城人。中国近代美学园地的开拓者和耕耘者，蜚声中外的美学家。

朱光潜出生在一个书香门第之家，父亲望子成龙心切，希望儿子将来走科举的道路。进入桐城中学后，朱光潜仍然接受传统教育的古训，整天就是做八股文章。对这种教育，朱光潜早就心怀不满。当时的中国正处在大变革的前夕，新文化运动正以波澜壮阔之势向偏远地区推进。朱光潜已经听说有新式教育的小学和中学，心中非常向往。

朱光潜的父亲有一个书箱，装有各式各样的书，但从来不许孩子翻阅。对朱光潜来说，这些书真成了伊甸园的“禁果”，但越是这样，朱光潜越是抑制不住自己强烈的好奇心，他恨不能马上打开书箱看个究竟。有一次，父亲要外出几天，这可是个不可多得的好机会，他鼓起勇气打开书箱，霎时间眼前一亮，有这么多好书啊！

其中一本梁启超的《饮冰室文集》，让朱光潜如获至宝，爱不释手。书中激进的思想，浓烈的感情，酣畅的文字，使朱光潜对“新学”更加向往。他对梁启超太崇拜了：“这样的人生才有意义，才是有价值的人生，我也要成为他那样的人。”

父亲回来之后并未发现任何异常，他暗暗松了一口气，然后又开心地笑了，此时，他满脑子都是那些所谓的“禁书”上的内容，思维也插上了腾飞的翅膀。

朱光潜的大学历程极具传奇色彩，曾先后进过6所大学。先是考进武昌高等师范国文系，仅学了一年，便向教育部告了一状，愤然离去。接着考取香港大学教育系，港大的老师和课程比较先进，朱光潜开始对心理学产生了浓厚的兴趣。1925年，朱光潜考取了公费留学英国，在爱丁堡大学研究哲学。之后，又在伦敦大学、法国巴黎大学和斯特拉斯堡大学求学。有时他在两所大学同时注册，今天在英国听课，明天渡过英吉利海峡，又赶到法国听课。在学习过程中，他发现美学和自己喜欢的心理学、哲学、文学都是相通的，于是他最终选择了美学研究。他一面攻读康德等哲学家的著作，一面广泛接触各种门类的艺术作品。他读诗歌、看戏剧、参观雕塑。他曾经独自一人跑到意大利罗马的地下墓道，考察哥特大教堂和壁画的起源，到巴黎的卢浮宫观赏达·芬奇的《蒙娜丽莎》

原作，能够近距离地欣赏到这幅世界名画，是他一生“最快意的事”。

经过如饥似渴的学习之后，朱光潜终于有所成就，成为了一代美学大师，而回想起他的父亲，他总是情不自禁地想起那箱书来，“真是些好书！”朱光潜不无感叹。

成长启迪：

常言说：“书非借不能读也！”借来的书似乎会更加珍惜，也会在最快的时间看完。而对于童年时期的朱光潜来说却是“书，非禁不能读也！”父亲的“禁书”促使他偷尝“禁果”，给了他一个脱胎换骨的冲击，他的人生也从此走向灿烂。

老舍：刘大叔的偶然来访改变了他的人生轨迹

如果长到十多岁了还不识字，对于庆春来说，那时候的出路，就是去做个小买卖，提个小筐子，卖些花生、煮豌豆或者樱桃什么的，要不然就是去店铺当学徒。正在一筹莫展时，老舍家的一位远亲刘大叔偶然来了，他答应把庆春送到学堂。庆春的命运从此发生了改变。

Lao She

[学无早晚，但恐始勤终惰。——老舍]

老舍（1899~1966），原名舒庆春，字舍予，北京人，著名作家。曾任中国文联副主席、中国作家协会副主席。被授予“人民艺术家”光荣称号。

老舍是腊月二十三出生的，全北京的人都在欢送灶王爷上天，父母就给他取名叫庆春。父亲是皇城的护军，在抵抗八国联军时战死了。失去了父亲，家境更加贫困，每逢夏天夜里下暴雨的时候，家人就要坐到天明，以免屋顶忽然塌下来丢掉了性命。全家人每日只进两餐，每餐只有一样菜——冬天是白菜、萝卜；夏天是茄子、扁豆。饺子和打卤面是节日的饭食。

家里很穷，母亲和姐姐一入冬季就要辛勤劳作，给人家浆洗大堆大堆的衣服，或者帮人赶做新长衫，好挣钱过年用。庆春在一旁打下手儿——递烙铁、添火、送热水和凉水等等。母亲想让儿子去上学，又怕受人家欺侮，更怕交不上学费，所以庆春直到9岁还不识字。母亲当然知道读书的重要性，可是每月三四吊钱的学费，实在让她为难。如果长到十多岁了还不识字，对于庆春来说，那时候的出路，就是去做个小买卖，提个小筐子，卖些花生、煮豌豆或者樱桃什么的，要不然就是去店铺当学徒。

正在一筹莫展时，老舍家的一位远亲刘大叔偶然来了，他答应把庆春送到学堂。庆春的命运从此发生改变。

之后，庆春怀着忐忑不安的心情，随着这位阔人去了学校。学校在一座庙里，庙里的大殿很黑、很冷。神像用黄布挡着，供桌上摆着孔圣人的牌位。老师给了他一本《地球韵言》和一本《三字经》，庆春成了学生。

老舍知道自己上学不容易，如果不是远亲刘大叔照顾他的话，也许自己注定要当文盲，所以很珍惜上学的机会。庆春对待学习很认真，尤其偏爱学语文，常常受到老师的表扬。他不爱玩旗人们喜爱的玩鸟等娱乐，除了看书学习，他惟一的乐趣就是去茶馆听说书。在茶馆里，老舍看到形形色色的人们，让他感到十分的有趣，这一切为他后来的小说写作提供了丰富的素材。

庆春小学毕业的时候，亲友们都让他去学手艺，好帮助母亲。他也觉得自己应当出去找饭吃，以减轻母亲的辛劳，可是，他更想继续升学。

他偷偷考入了师范学校。因为，那时师范学校的制服、书籍、食宿都由校方供给，费用不多。但是入学时，要交10元保证金，这在当时是一笔巨款！庆春很想找刘大叔帮忙，但想到不能老麻烦人家，是啊，这年头大家都不容易，人家能帮一次已经够好的了。想来想去，庆春打消了念头。最后，母亲费了九牛二虎之力，才借来了10元钱，含着眼泪把庆春送出门去。

老舍19岁时从师范学院毕业后，去一家小学当了校长。当时正是“五四”运动时期，各种新思潮风起云涌，老舍决定在学校推广白话教育，可没想到马上就受到了一些保守派的抵制。他们说：

“古文已有几千年的历史，而白话刚刚兴起，不适合在小学推广。”

老舍据理力争，说：“任何新事物都有一个开始，让小学生学白话没什么不好。”

在老舍的坚持下，学生们改学白话文。老舍自己也开始用白话写作，虽然老舍的文言文和古体诗已有扎实的功底，他还是觉得用白话文写作是件痛快有趣的事，他刻苦练习，在白话中又加进了北京话，这使他形成了独特的语言风格。

1924年，老舍应聘到英国伦敦大学东方学院任教，在这里他广泛涉猎世界各国的文学，同时他开始动手写长篇小说。老舍在伦敦住了5年，写了三部长篇小说。回国后，老舍在山东齐鲁大学任教。老舍一生交游甚广，他不仅在作家学者中有很多知心朋友，而且同处于底层的劳动群众也有广泛的接触。一次，一位来访的学者看到老舍正在家里和一个土里土气的小商贩谈得很投机，等他们谈完了，那位学者很惊讶地问老舍：“这也是你的朋友吗？”

老舍笑着说：“是啊，是朋友，也是我的老师。”

“老师？”学者瞪大了眼睛，疑惑地看着老舍。

老舍说：“这些人每天在饥饿线上挣扎，他们都有自己悲惨的遭遇，通过和他们的接触，使我对人生有了进一步的了解。”

1937年老舍辞去了职务开始专职写作。《骆驼祥子》就是这个时候的作品，问世后受到了广大读者的欢迎，成为老舍的传世之作。

老舍在中国现代小说艺术的发展中有十分突出的地位，他的作品与茅盾、巴金的长篇创作一起，构成了现代长篇小说艺术的三大高峰。他的贡献在于其独特的文体风格，他的作品的“北京味儿”、幽默风格，以及以北京话为基础的俗白，凝练、纯净的语言，在现代作家当中独树一帜。同时，老舍创作的成功，标志着我国现代长篇小说在民族化与个性化的追求中已经取得了重大的突破。

成长启迪：

庆春长到十多岁时还不识一个字，这不能不说是一种悲哀。如果他按照这样的道路按部就班地向前走，他的人生真的让人不敢想像。好在天无绝人之路，老舍在成长道路上遇到了刘大叔这颗救星。如果一个人没学上，连一个字都不认识，又何从谈起写小说呢？可以说，没有刘大叔，就没有后来的老舍。

沈从文：

私塾外面的生活成了他文学创作不息的源泉

私塾外面的一切格外新鲜有趣，多年后它们都还非常清晰地留在他的脑海中，成为他以后文学创作的不息的源泉。

Shen Congwen

[我不相信命运，却相信时间，时间可以克服一切。——沈从文]

沈从文（1902~1988），生于湖南省凤凰县，著名作家，代表作《边城》。

沈从文出生于一个军人世家。他的父亲年轻时当过兵。母亲出身书香门第，喜欢读书。在沈从文6岁的时候，母亲就送他上私塾，他当时只觉得新鲜好玩。但是上学不到半年后，沈从文开始厌倦这一切，他觉得整天摇头晃脑地背书十分枯燥无味，加上私塾先生对学生的体罚很重，于是沈从文就经常私下逃课。

有一天，沈从文逃学出来去赶场，在路上遇到了苗族的酋长。他从未见过苗族赶场的热闹场面，所以看得兴高采烈，就赶去吃苗族的黄肉，喝苞谷酒。没想到他赶场的事被父亲的一个副兵看见了，晚上回家受到了父亲的惩罚。第二天上课时老师又惩罚了他。这使沈从文对私塾充满了厌恶之情。

此后他依然逃学，每一次从私塾里逃出来，他就感到十分的自由和轻松。走在大街上，许多新鲜的事物令他眼界大开，他对街上的什么事都很好奇，在针铺看老师傅戴着眼镜工作；看鞋匠用夹板上鞋；看开豆腐铺的农家妇女唱歌哄着孩子。在城西他看到了那些被押着做苦工的犯人，还有被杀前满眼含泪的耕牛。私塾外面的一切格外新鲜有趣，多年后它们都还非常清晰地留在他的脑海中，成为他以后文学创作的不息的源泉。

就这样一边上学一边逃学，沈从文度过了他的读书生涯。14岁时，他走出了学校，离开了家乡在外面闯荡。没多久沈从文加入了一支清乡剿匪的部队，在队伍中他负责记录犯人的口供，长时间亲眼目睹犯人被用刑、被砍杀的惨状，他内心受到很大的震撼，他开始痛恨那些乱杀百姓的人。在部队时他曾和人合订了一份《申报》，这份报纸开阔了沈从文的眼界。

沈从文后来又加入了陈渠珍的部队，在部队做了书记员。由于在部队里无所事事，沈从文整天抱着书看，这使他学到很多知识。他陆续知道了鲁迅、郁达夫等人的名字。同时他开始认真地思考自己的生活，设想自己的未来。经过一番深思熟虑后，他决定离开部队。虽然这时他很受总司令的赏识，但他还是对陈渠珍说：

“我想离开军队去北京上学。”

出乎他的意料，陈渠珍很爽快地说：“好啊，年轻人就应该有志气，我支持你。”

1921年，沈从文带着梦想来到北京。刚到北京的时间里，他时常处于饥寒交迫之中，吃了上顿没有下顿，但他丝毫没有放松学习，他一边听课，一边学写作。北京的冬天十分寒冷，在一个大雪天，他正躲在自己的棉被里瑟瑟发抖地写作，一位不速之客敲开了他的门，他看了一眼屋里的情形，就明白了沈从文的处境。然后他请沈从文一起去吃饭。这顿饭解决了沈从文好几天的饥饿。他们边吃边聊，吃完后他又给了沈从文一些钱。这位不速之客就是当时在北大任教的郁达夫。他给了沈从文在困境中拼搏的动力。

从此沈从文开始向一些杂志投稿。经过不懈的努力，他的作品渐渐受到了人们的好评。《晨报》等刊物陆续发表了他的作品。这一时期他的创作形式多样，有小说、散文、诗歌、戏剧等，内容大多是在北京的所见所闻和关于故乡的回忆，他把自己童年时在私塾见到的一切都化成了文字，使作品变得真实生动，打动人心。沈从文的创作极富特色，作品又多，所以他很快就成为轰动一时的作家。

1928年，沈从文在徐志摩的介绍下，第一次登上大学讲台，虽然来之前他作了认真的准备，但他没想到他第一次上课时教室竟然来了这么多的学生。沈从文抬头看了一眼下面的学生，被一下子震住了，学生们坐着的、站着的，人人都用期盼的眼神看着他。这让沈从文感到十分紧张。他在讲台上呆了整整10分钟，一句话也说不出来。等到他平静下来后，只用15分钟就讲完了一小时的内容。课后，有人对校长胡适说：

“沈从文在讲台上10分钟都讲不出一句话来，他根本不适合讲课。”

但胡适对沈从文却非常赏识，他回答说：“10分钟不讲一句话，而学生又没有轰动，这就是成功。”

沈从文渐渐适应了教学工作，开始了他的教学生涯。他一边教书，一边创作。1928年以后，沈从文创作日趋成熟，他先后出版了二十多部小说、散文和评论集。其作品大都是写都市生活或是写湘西的人情风俗。在沈从文的作品中最具特色的就是描写故乡的文章。他从小就熟悉那里的一草一木，下层人民的苦难生活曾给了他极大的震撼。在大学任教期间，他还试着以各种文体写作，另外在小说结构上也采用了新的形式。这使他在文学创作方面取得了很大的成绩，成为了一代文学大师。

成长启迪：

枯燥死板的私塾生活对一个天性浪漫活泼的孩子来说无疑是一种桎梏。私塾外面的生活激起沈从文的无限向往，也成了他日后写作的不息源泉。文学需要想像，需要自由，文学创作更需要生活。一个人如果关心生活，那么生活也会加倍地关注他、热爱他，让我们热情地拥抱生活吧！

高士其：校长的表扬鼓舞了他的一生

高士其把校长的话记在心里，用功读书，他的学习成绩年年都是班级里最好的，全校老师和同学都夸他是个好学生。多少年以后，高士其在回首往事时说，校长的那次表扬鼓舞了他的一生。

Gao Shiqi

[知识犹如人体的血液一样宝贵。——高士其]

高士其（1905~1988），福建福州人，著名科普作家。曾留学美国。他在轮椅上向人们奉献了数百万字精美的科普作品。

上学第一天，天蒙蒙亮，6岁的高士其就穿上了新衣服，背着新书包上学去了。一路上，高士其快乐得像只小鸟儿，又蹦又跳唱着歌。他跑到学校门口一看，大门还紧紧地关着呢。他不敢去敲门，只好站在门口等着。不知道等了多久，学校的大门开了，开门的是位老伯伯。高士其恭恭敬敬鞠了一躬，叫了声："老伯伯早！"老伯伯心里真高兴，笑眯眯地说："多懂礼貌呀，孩子，你是一年级新学生吧！"

高士其点点头。老伯伯把高士其领到一年级的教室里。过了好一会儿，小朋友们才一个个来到学校。

在开学典礼上，校长站在台上讲话。高士其一双乌溜溜的眼睛，专心地盯着校长，他听得可仔细啦。校长讲完了话，叫高士其站到他身边来。高士其不知道有什么事，一颗心像小鹿似的怦怦乱跳。校长摸摸高士其的头，表扬他是一个守纪律、懂礼貌的好学生。

高士其把校长的话记在心里，为了对得起校长所说的"好学生"三个字，他用功读书，学习成绩年年都是班级里最好的，全校老师和同学都夸他是个好学生。

后来，高士其到美国留学，开始学化学。但因为母亲和妹妹先后都死于流行性传染病，悲愤之余，高士其转而攻读医学博士，希望学成之后攻克医学难关。不幸的是，有一次做实验，一个盛着脑炎病毒的瓶子突然爆炸了，脑炎病毒传染了他，把他的小脑的运动神经破坏了。高士其的四肢慢慢变得僵硬，但他的思维却是完好的。毕业回国的时候，他差不多全身都瘫痪了。才二十几岁的高士其只好与一张活动躺椅为伴，再也不能下地活动了。

此时的他痛苦万分，常常靠回忆来抚慰自己的灵魂。这时候，他想到了自己美好的童年，也回忆起了校长那句赞扬他的话，久违的微笑出现在了他的嘴角，他觉得那时的自己是如此的可爱。

"童年多么美好，孩子们多可爱啊，我要为他们写书，普及科学知识。"病榻上的高士其下定了决心，随后，他用口述的方式，把自己的知识变成了文字。他用儿童们熟悉的事物去描写他们不熟悉的科学现象，按照儿童的心理来表述它们。他的《菌儿自传》、《时间伯伯》、《我们的土壤妈妈》等作品，展现在孩子面前的，不再是难懂的科学知识，而是土壤妈妈、冬天老人、时间伯伯等生动具体的形象，这些作品通俗易懂，能让孩子们轻松接受。见自己的努力没有白费，高士其感到由衷的欣慰。

高士其凭借顽强的意志战胜了身体上的缺陷，虽然最后他病情严重到手不能提笔写字，脚不能走路，嘴巴不能说话的地步，但他依然在有生之年靠着顽强的意志出版了20多部科学著作和科学普及读物，成了非常有名的科普作家。高士其不仅给了我们科学的力量，而且给了我们战胜困难的信心和决心。

而综观自己虽然悲苦但却不无意义的一生，高士其不禁感慨万千。回首往事时，高士其曾多次表示，校长的那次表扬鼓舞了他的一生。他希望所有的孩子都能够得到别人的赞扬和重视，这样，他们才会重新审视自己，并会像他一样严格要求自己，追寻远大的理想。

成长启迪：

一个人的成长离不开别人的鼓舞与支持。高士其虽说是一个有上进心的孩子，但是校长的那次表扬还是让他深受鼓舞。这种鼓舞一直伴随着他，直至一步步走向成功的彼岸。

冼星海：西洋音乐让他的心灵为之陶醉

在新加坡的一所学校里，这个穷孩子意外地接触到了西洋音乐，音色明亮的钢琴，委婉动听的小提琴以及教堂里唱诗班纯正的和声都让冼星海小小的心灵为之陶醉。

Xian Xinghai

[每一朵成功的花都是由许多苦雨、血泥和强烈的暴风雨的环境培养成的。——冼星海]

冼星海（1905~1945），出生于澳门，人民音乐家，写出了诸如《我们的队伍向前进》、《到敌人后方去》、《黄河大合唱》等许多脍炙人口而又鼓舞人心的作品。

冼星海出生于一个渔民家庭。出世之前，他的父亲就已离开了人世，这几乎注定了他会拥有一个异常悲苦的童年。1912年，身无分文的母亲毅然牵着他的手离乡背井，告别祖祖辈辈在澳门的水上生活，漂泊到了南洋。

母亲虽然贫穷无助，但她不愿意孩子长大后像他的父亲一样一生在水上挣扎，最后又猝死水中，她发誓要给孩子另一种生活。

在远赴南洋最初的一段岁月里，冼星海的母亲以拾破烂为生，受够了人们的白眼儿。但她还是凭借着自己的双手挣到了让孩子读书的学费，冼星海上了学。

在新加坡的一所学校里，这个穷孩子意外地接触到了西洋音乐，音色明亮的钢琴，委婉动听的小提琴以及教堂里唱诗班纯正的和声都让冼星海小小的心灵为之陶醉。冼星海心潮澎湃，渴盼着能与这些美好的音乐为伴。

6年后，母亲带着冼星海回到祖国，仍然是含辛茹苦，不过冼星海却始终没有辍学。

年近20岁时，冼星海这个贫困学子又萌发了一个念头：到巴黎去，向印象派的音乐大师学习。此时的他，已经不可遏制地爱上了西洋音乐，并决定洋为中用，回国后创作更加先锋的音乐。

在轮船上，冼星海找到了一份沉重卑贱的工作，就这样挣到了路费，来到了巴黎。

在这里，他一待就是6年，在这期间，他过着极端贫困的生活，他曾经饿得昏倒在凯旋门广场上。但他从未妥协，他抱着坚定的信念一直顽强地学习。

他的勤奋和执著使小提琴家奥比多菲先生深为感动，并免费接收了这位忍辱负重的中国学子。

皇天不负苦心人，悲苦的生活，激发了冼星海的创作激情，他创作的一首三重奏的曲子《风》，震惊了巴黎音乐学院，学院为此颁给了他作品荣誉奖。

当学院询问他愿意接受什么物质奖励时，他已饥寒交迫，难过地说了两个字：“饭票……”冼星海的艰难生活与对音乐的不懈追求，让巴黎音乐学院异常感动，学院给他奖学金，同学们也向他伸出了援助的双手。

终于，在度过了令人难以忍受的贫苦求学生活后，冼星海学成归国了，他要用自己的才华与热血为我们的民族写出动人的乐章。

那是1937年的中国，由于日本鬼子的侵略，人民陷入了水深火热之中。冼星海加入了抗日救亡的宣传队，怀着对祖国的无比挚爱，写下了《我们的队伍向前进》、《到敌人后方去》等许多脍炙人口而又鼓舞人心的作品。

1938年冬，受鲁迅艺术学院的邀请，冼星海从武汉来到延安，在接下来的两年时间，他写出了许许多多作品，最著名的《黄河大合唱》，以磅礴的气势与跃动的激情以及他对民族苦难悲愤的叙说，征服了每一个听众的心，并在中国音乐史上铸就了它史诗般的地位。

1940年，冼星海被派往苏联工作。5年后，日本帝国主义者投降了，但当国内人民翘首盼望他回到祖国的时候，噩耗传来——冼星海病死于莫斯科。

冼星海在人世生活了短短40年，但对命运不屈的抗争和饱满的爱国热情以及他创作出的伟大作品，却是一份献给后人的珍贵礼物！

成长启迪：

童年的记忆是妙不可言的。与西洋音乐的一次意外接触让冼星海从此爱上了音乐，并为之努力，最终成了著名的音乐家。冼星海的音乐成就如此辉煌，但是他的求学精神，他的与贫困生活作斗争的勇气更值得当今孩子们学习。

傅雷：

母亲的眼睛让他终生难忘

她找出一块很结实的土布，趁儿子还在熟睡，就把他的手脚捆绑起来。这时，傅雷从梦中突然惊醒，他看到了母亲那双布满血丝的眼睛，这双眼睛傅雷一生都不会忘记。后来，他在母亲的这双眼睛的“监视”下，几乎译遍了法国著名作家的所有作品。

Fu Lei

[简洁的语言是智慧的灵魂。——傅雷]

傅雷（1908~1966），上海人，翻译大师。他数百万言的译作成为中国翻译界备受推崇的范文，被誉为“傅雷体华文语言”。

傅雷的童年非常不幸。他4岁时父亲傅鹏蒙冤入狱，不久便离开人世。母亲在父亲被囚禁时，为营救丈夫四处奔走，无暇照料孩子们，傅雷的两个弟弟和一个妹妹因病相继死去，只有傅雷侥幸活了下来。极大的悲哀几乎从心理上摧毁了母亲，她把所有的希望都寄托在儿子身上。望子成龙的母亲以近乎残酷的方式督促傅雷的学业，希望傅雷以后能出人头地，为屈死的父亲洗刷冤恨。

夏季一个阳光明媚的早晨，欢快的鸟儿在歌唱，傅雷追随着鸟儿来到田间，他不喜欢上课，在大自然里玩耍多么惬意。他没想到，学堂的老师找到他家并责备母亲管教不严，母亲忍气吞声承担了儿子逃学的责任。

傅雷回家以后，母亲问傅雷，今天学堂的功课怎么样，傅雷不知实情，敷衍了几句，母亲当时没说什么。晚上傅雷睡熟后，母亲跪在丈夫的灵牌前哭了一阵，儿子的逃学让她万念俱灰，生命对她已经没有意义，一个可怕的念头出现在母亲的脑海：不如我们母子都随丈夫一起去了。

她找出一块很结实的土布，趁儿子还在熟睡，就把他的手脚捆绑起来。这时，傅雷从梦中突然惊醒，他看到了母亲那双布满血丝的眼睛，这双眼睛傅雷一生都不会忘记。

他吓得大叫起来，可是他动弹不了。傅雷立刻猜到母亲的疯狂念头，他声泪俱下地恳求母亲饶了他这一回，但是母亲已绝望了。

母亲把他拖向一个离家不远的深水塘，他拼命地喊救命。直到几位邻居奔出来，把母亲推倒，才救出了傅雷。

从那以后，傅雷再也不敢逃学了。不久他便以优异的成绩考上了上海大同大学的附中。在学习期间，国内的学生运动风起云涌，这一运动风潮也波及了上海大同大学的附中，作为热爱祖国渴望民族富强的进步学生，傅雷也参加了运动，可是迫于政府的压力，学校决定将他交给警察机关治罪。傅雷的母亲听到消息以后，当即赶到学校，将傅雷领回家中。回到家里，母亲变卖了所有的家产并迅速把傅雷送到法国留学。由此，傅雷躲过了一场劫难。

在留学法国期间，傅雷丝毫没有放松对自己的要求，他有一种很奇怪的感觉，总感到无论走到哪里，母亲那双布满血丝的眼睛总是在背后盯着她，仿佛在告诫他要认真学习。为此，傅雷在学习上不敢有丝毫的倦怠。

留法期间，傅雷眼界大开，他用极大的热忱投入了多种艺术活动，集中精力探索古希腊的艺术和欧洲文艺复兴时期的作品，在此期间他还结识了后来在中国非常有影响的画家和学者刘海粟、孙伏园、孙福熙和刘抗等人。

在文学方面，傅雷对法国出名的作家作品都进行了持久而深入的研究。他从法国18世纪的文学开始一直研究到了当时正处于巅峰时期的罗曼·罗兰。通过对罗曼·罗兰的深入研究，他知道莫扎特与贝多芬，体会到了人与命运的抗争，体会到了一个伟大心灵的悲痛与反抗。同时也与音乐结下了不解之缘。

1931年，傅雷与刘海粟夫妇回到了中国。1932年与家乡的未婚妻朱梅馥举行了婚礼。朱梅馥是受过新教育的女性，她成了傅雷最贤惠和最得力的助手。

回到上海以后，傅雷受刘海粟的邀请进入了上海美术专科学校教授美术史和法文，同时还担任学校办公室主任一职。一年以后，他辞去了这个职位，开始做翻译工作。1933年他翻译了菲利普·苏卜的《夏洛外传》，并自费印刷出版了这部作品。

译书是一件比较枯燥而单调的事情，傅雷也曾有过懈怠，但是一想起母亲的那双眼睛，他马上便打起精神，潜心工作。也正是在母亲的这双眼睛的"监视"下，傅雷把自己的毕生精力投入到了自己所热爱的翻译工作中。

傅雷的一生几乎是在书斋里度过的，他的译作不论是数量还是质量都让人惊讶，他把罗曼·罗兰、巴尔扎克、伏尔泰、梅里美的名作介绍给了中国的读者。在翻译过程中，傅雷对自己的要求非常严格，他总是把原著看过四五遍以后才进行翻译，就拿巴尔扎克的《高老头》来说，傅雷就前后译过3次。他在五六十年代所翻译的《钢铁是怎样炼成的》、《牛虻》、《约翰·克利斯朵夫》都受到了知识界广泛的喜爱与赞赏，也为他带来了出众的名声。

成长启迪：

母亲对待儿子的举动虽说有些残酷，但是恨铁不成钢的一颗心却是日月可鉴。所以，作为一个有自尊心的孩子是不会选择让母亲失望的，傅雷的成功是对母亲最好的安慰。

华罗庚：王老师发现了他的数学天赋

他在金坛中学上学时，遇上了一位独具慧眼的数学教师王维克。王老师发现华罗庚很有数学天赋，于是对他格外精心培养。他借给华罗庚很多数学书籍，课余还经常对他单独辅导，使华罗庚在数学上进步很大。正是在王老师的帮助下，他才一步步走上数学研究的成功之路。

Hua Luogeng

[勤能补拙是良训，一分辛劳一分才。——华罗庚]

华罗庚（1910~1985），江苏金坛人。他自学成才的故事鼓舞着无数青少年勇攀科学高峰，这位“人民的数学家”，为他钟爱的数学事业奉献了毕生的精力。

华罗庚小时候很爱动脑筋，下了课，小伙伴们都出去玩了，他还在教室里想老师讲的问题，有时候思考问题过于专心，同学叫他都听不见。久而久之，同学送他一个外号，叫他“罗呆子”。

老师打开华罗庚的数学作业，发现许多地方都有涂改，一点也不整洁。开始老师很不满意，后来仔细辨别，发现华罗庚是在不断改进和简化自己的解题方法。

他在金坛中学上学时，遇上了一位独具慧眼的数学教师王维克。王老师发现了华罗庚很有数学天赋，于是对他格外精心培养。他借给华罗庚很多数学书籍，课余还经常对他单独辅导，使华罗庚在数学上进步很大。正是在王老师的帮助下，他才一步步走上数字研究的成功之路。

考虑到自己无法一直陪伴华罗庚求学，王维克老师对华罗庚说了一番语重心长的话，大体是希望他不要辜负自己的才情，希望他能够在数学领域有所贡献。面对真挚的王老师，华罗庚感动之余，也把他的话记在了心间。

1925年，华罗庚中学毕业后，由于父亲无力供他上大学，只好考取了上海中华职业学校。父亲千方百计地凑了点钱把华罗庚送到了学校，但是华罗庚并不能适应这里的教育方式。有一天上课时一位老师将刚刚看完的作业放在讲课桌上，声色俱厉地喊道：

“华罗庚！这么简单的题你为什么没做对？”

华罗庚看着满脸怒气的老师站起来说：“老师，我没有做错题，我这样做是有理由的。”

“还有理由，”老师更来气了，冲他摆摆手说：“那你上来给我讲讲。”

于是华罗庚走上了讲台，他拿起粉笔不假思索地将自己独特的解题方法写在了黑板上，然后又转过身对着同学们讲了讲他的解题思路。他讲完后同学们都小声嚷起来：

“他做的没有错。他的方法很好，一定是老师看错了。”

满脸怒气的老师一时下不了台，他很恼火地看着华罗庚，随便找了个理由将他训了一刻多钟，这让华罗庚对这所学校的教育十分不满。他愤懑地想，为什么这位老师不能像王维克老师那样既拥有渊博的知识又拥有一颗宽容、仁爱之心呢？一想到王老师，华罗庚就有些动情，他又有了一股冲动，无论这里的环境如何，他都不会气馁，并决计要在数学上有所成就。

可惜的是，后来因为家里经济实在过于困难，没有钱交学费，上了一年学后，华罗庚只得选择退学，连毕业证都没拿到。华罗庚回到家里后就帮助照料店里的生意。

虽然不再上学了，华罗庚依然没有停止对数学的钻研，他怎么能放弃心爱的数学呢？如果他选择放弃的话，不仅对不起自己，也对不起王老师。因此，无论生活如何困苦，华罗庚都没有忘记对自己严格要求。

华罗庚经常站在柜台边，一边卖东西算账，一边翻看着数学书，不时还演算起来，有时遇到难题，不分白天黑夜地进行钻研。由于他经常心不在焉，小店的生意越来越差。一次，一位顾客来买毛巾，问道：多少钱一条？

“26867。”华罗庚看也不看随口就把刚才演算出的一个得数说了出来。

顾客一听莫名其妙，扭头就走了。

在一旁的父亲看在眼里，火冒三丈，抢过来就要把华罗庚手中的数学书和演算题的纸给烧掉。他认为儿子是让这些东西给弄傻了。

杂货店的生意不太好，父亲白天帮人收购蚕丝，晚上算账。有一天晚上，算来算去账上错了1000多元钱，把父亲急得满头大汗。伙计点上香烛，求狐仙帮忙，可还是没算清。华罗庚在屋子里闻到香气，就出来说，不要求狐仙了，让我来帮你们算账吧。父亲开始还不相信儿子有这本事，把两大本账册往他面前一推。结果华罗庚没花多少时间就把账目全部理清了。父亲一看，儿子学数学还真有用，这才不反对他学习了。

华罗庚18岁的时候，由于生活艰难和饮食不良，不幸染上了流行的伤寒病，虽然后来在家人的精心照料下活了下来，可是他的左腿关节变形，再也无法像正常人一样走路。认识他的人看到他一瘸一拐地走在路上，都不禁为他的遭遇叹息。可是华罗庚却十分坚定地想：既然不能干别的工作，正好可以集中精力钻研数学吧，这一行不需要什么设备，只要有一枝笔，一张纸就够了。

此后华罗庚全身心地投入到了数学研究，他节衣缩食省钱订了一份《科学》杂志，又买了很多的数学书籍，坚持学数学。

与此同时，华罗庚开始写一些有关数学研究的文章，投到杂志上。尽管刚开始有很多文章被退了回来，但他没有灰心，依然继续写着。1930年他在上海《科学》杂志发表了一篇论文，论文中对一位数学教授的理论进行了质疑。当时清华大学数学系主任熊庆来看到这篇文章，大加赞赏，当他得知这篇文章出自一位年仅19岁的失学青年时，震惊不已地说："这个年轻人不简单，应该请他到清华来。"

1931年，华罗庚在熊庆来的安排下到了清华，在数学系当了一名助理员。他平时的工作只是整理图书，收发文件。这样就有了更多的时间去听课和学习数学。在熊庆来的悉心指导下，华罗庚进步很快，他在努力工作的同时，拼命地学习，只用一年半就攻下了数学系的全部课程，还自学了英语、德语、法语。他寄出了3篇论文，都在国外的杂志上发表了。在当时，大学的教授都很难在国际的杂志上发表论文，于是清华大学决定聘请华罗庚做教师，就这样，一个年仅24岁，只有初中毕业文凭的人，进入了清华大学教师行列。

后来，在熊庆来的帮助下，华罗庚获得英国剑桥大学进修的机会。他在那里刻苦学习，在博采世界诸家成果的同时，他一连写出了18篇论文，提出了自己的观点。华罗庚的论文在当时数学领域一些悬而未决的难题上连连取得了突破，使当时世界级的数学权威们都赞叹不已。

由于成就卓越，他成为美国科学院外籍院院士中的第一个中国人，并先后被选为第三世界科学院院士、法国南锡大学、美国伊利诺斯大学、香港中文大学荣誉博士，德国巴伐利亚科学院院士。他还被芝加哥科学技术博物馆列为当今世界88个数学伟人之一。

华罗庚是中国现代数学事业的奠基者和领航人。他在美国当教授时，年薪高达两万美元，有小洋楼和汽车。但他常说："梁园虽好，非久居之乡！"一听到新中国成立的消息，他毅然回到了祖国。一名美国教授后来评论："很难想像，如果他不回国，中国数学会怎么样。"在数学研究之外，华罗庚发现并培养了王元、陈景润、陆启锉这些著名的数学家，建立起国际公认的“中国数学学派”。他发现和培养陈景润的故事是数学界的一段佳话。在他亲自关心和过问下，陈景润从厦门大学被调到中科院数学研究所，最终在攻克哥德巴赫猜想方面取得了世界领先的成绩。华罗庚还是我国中学生数学竞赛的首创者。从1956年到1978年间，他亲自担任竞赛委员会主任，还写了大量中学生课外数学读物和学习方法书，为培养优秀数学人才倾注了大量心血。

在经济困难时期，华罗庚思考以数学知识为国民经济做贡献。于是，他筛选出以改进工艺问题的数学方法为内容的“优选法”和以处理生产组织管理问题为内容的“统筹法”。1964年，华罗庚给毛泽东写信，建议在生产实践中推广两法以提高管理水平和效率。毛泽东回信称赞他的想法“壮志凌云，可喜可贺”。受此巨大鼓舞，华罗庚开始将他的主要精力放在数学方法在工业的普及应用上。近20年的时间里，他的足迹遍布中国二十多个省、市、自治区，深入到工厂、矿山，用深入浅出的语言向工人和农民介绍优选法和统筹法，行程10万多公里。他使数学直接为国家创造了巨大的财富。华罗庚是中国最早把数学理论研究和生产实践紧密结合、并做出巨大贡献的科学家，毛泽东写信赞扬他“不为个人，而为人民服务”，广大群众称他为“人民的数学家”。

成长启迪：

华罗庚的成功虽说跟清华大学的熊庆来关系很大，但是他的成长却与中学时的一位数学老师密不可分。是王维克老师独具慧眼，发现了他的数学天赋，并加以悉心培养，正是在这种条件下，华罗庚的数学潜能才被开发出来。可见，在孩子的成长道路上，教师的作用有多么巨大！

钱钟书：作文优胜给了他足够的信心

因为他的兴趣和天赋在文学上，习惯海阔天空地联想和自由发挥，对逻辑推理的数理不感兴趣，所以这方面的学习成绩日渐捉襟见肘，没有引起教师们的注意。然而，在一次全校国文、英文作文竞赛中，他居然取得了第七名。一个初中新生取得这样高的名次，在桃坞中学是史无前例的。从此，他对写作更有信心了。

Qian Zhongshu

[我记的箴言是：无日不动笔。如果我有时让艺术之神瞌睡，也只为要使它醒后更兴奋。——钱钟书]

钱钟书（1910~1998），字默存，号槐聚，江苏无锡人。现代文学作家、古典文学研究家。代表作品《围城》。

钱钟书出生于无锡一个书香世家，他的父亲在江南很有名望，这使得钱钟书从小就受到了很好的教育。钱钟书自幼就喜欢看书，他的父亲有很多的藏书，他一有空就钻进父亲的书房，看得入迷时都会忘了吃饭。除了家里的藏书，钱钟书还很喜欢去逛地摊，那里的很多野史之类的通俗读物他也非常爱看。

广泛的阅读让他增长了很多知识。他特别爱看《史记》，对其中的英雄豪杰特别佩服。9岁的时候，他给自己起了个名字叫项昂之，有人不解地问："你为什么要起这样一个名字呢？"

钱钟书说："因为我喜欢项羽的英雄气概。"

年幼的钱钟书很想将来成为一个和项羽那样很有气概的人物。11岁时钱钟书在东林小学读书，在学校里虽然他十分淘气，但是学习成绩一直很好，经常受到老师的表扬。

钱钟书14岁时，和弟弟钱钟韩一起考入了苏州桃坞中学。因为他的兴趣和天赋在文学上，习惯海阔天空地联想和自由发挥，对逻辑推理的数理不感兴趣，所以这方面的学习成绩日渐捉襟见肘，没有引起教师们的注意。然而，在一次全校国文、英文作文竞赛中，他居然取得了第七名。一个初中新生取得这样高的名次，在桃坞中学是史无前例的。从此，他对写作更有信心了。

桃坞中学的英文、地理等科目由外籍教师担任，英语引起了钱钟书的极大兴趣。他不分场合地点猛攻英语，在课堂上悄悄地读他念念不忘的英文小说。尽管他上课有时思想开小差，但每回考试，他总是全班第一。到初三时，他的中、英文成绩全校名列前茅，发音的纯正和外籍教师不相上下。老师看他成绩优秀，就委以重任，让他当了班长。只是这位班长在生活方面有点"迷糊"，经常分不清东西南北，一出校门就迷失方向，穿鞋有时也不分左右，最出洋相的是上体育课。作为班长，他的英文口令喊得洪亮准确，"向右看齐——向左转——"但他自己却左右不分，乱转乱看，闹得班上同学哄堂大笑，他自己还莫名其妙。老师看他不是"当官"的料，过了两个星期，就把他罢免了。

有一年暑假，父亲外出没有回来，钱钟书把作业放在一边，先过小说瘾。不料暑假过了一半，父亲却突然回来了。父亲回来后第一件事就是让他和钟韩各做一篇文章，钟韩的文章写得条理清楚，措辞文雅。钟书大概是因为看小说和其他杂书太多的缘故，写的文章不文不白，词意怪诞。父亲非常生气，把他痛打一顿。钱钟书独自坐在大厅里呜呜痛哭。

为此，钱钟书很不服气，他想到自己能在学校的作文比赛里获得好名次，怎么连弟弟都比不过了呢?

从此以后，钱钟书发愤用功，他认真读了《古文辞类纂》等书，作文水平大有长进。他的自学态度发生了转变，由杂览变为专攻。钱钟书在桃坞中学出类拔萃，受到校长、老师的重视，许多同学都崇拜佩服他。这跟当年因为作文比赛大出风头一样，也大大激发了钱钟书的自尊心和自信心，这种自尊和自信又转化为发愤读书的动力。

1924年，钱钟书中学毕业后报考了清华大学，由于长期的偏向发展，高考时他的语文和英文成绩特别的优秀，而数学成绩只考了15分。按照常规，这样的成绩是不可能进入清华的。但是校长罗家伦看了钱钟书的英文试卷后，大加赞赏，于是决定将他破格录取。就这样，钱钟书成为清华外文系的学生。

在大学，钱钟书依然按照他的兴趣来读书，他上课时，基本上不带笔和纸，而是带一本课外的书，但是这种课外的阅读并没有影响他的成绩，每次考试，他总是第一。与此同时，他阅读了大量的书籍。在大学里，钱钟书的广泛阅读是非常有名的，他可能是同学们中借书最多的一个，而且他看书的速度也非常快，这使他在四年的大学生涯中，获得了非常渊博的知识，为他后来的研究工作，打下了扎实的基础。

由于钱钟书的成绩优秀，他在校期间就开始做了老师。二年级时，在吴宓的推荐下，他就弥补了外文系空缺的一个教职。三年级时又有人推荐他到伦敦大学东方语文学院去做中文讲师。

1935年，钱钟书到英国留学，他在牛津大学攻读英文专业，在这里他依然是靠自己的兴趣来学习，回国后他执教于西南联大。

钱钟书的妻子杨绛在当时已是一个小有名气的作家，这使得好胜心强的钱钟书很不服气，在这样的情况下，钱钟书开始了小说《围城》的

成长启迪：

尺有所短，寸有所长。钱钟书数学成绩不佳，甚至可以说是很糟糕，按照现在的高考制度，他是不可能被大学录取的，更别说清华大学这样的名校了。但他的写作能力很强，这就足够了。其实我们没有必要强求孩子每一门功课都很优秀，因为每门功课都优秀的孩子是一个全才，但很难说就是一个天才。

写作。小说创作整整用了两年的时间，写成之后，引起了很大的轰动，但他自己则对《围城》这部小说不是特别满意。他后来又着手写作另一部小说，没写多少手稿就丢失了，于是他从此终止了小说的写作。钱钟书一生淡泊名利，幽默诙谐，晚年则致力于文学研究，并取得了很大的成就。

聂耳：邻居木匠给了他音乐启蒙

他家有一位姓邱的邻居，是一位木匠，闲暇时喜欢拿一枝短笛坐在门口吹，那美妙的旋律时而像天上的云彩一样悠扬舒缓，时而像森林里的小鸟一样活泼跳跃。年幼的聂守信陶醉不已，忍不住跑到邱木匠家，跟他学习吹笛子。聂守信很聪明，学得很快，在他的影响下，两个哥哥也跟着一起学。后来，他们用压岁钱买了一枝竹笛和一把二胡。从此他的家就乐声不断，常常引得路人停下脚步聆听。

Nie Er

[不同生活接触，就不能为生活创作。不锻炼自己的人格，无由产生伟大的作品。——聂耳]

聂耳（1912~1935），本名聂守信，云南玉溪人，人民音乐家，中华人民共和国国歌的曲作者。他的作品具有鲜明的民族特征和时代精神，是当之无愧的革命音乐开路先锋。

聂耳在中国现代音乐史上享有显赫声誉，他的童年也具有传奇色彩。聂耳的父亲很早就去世了，家里的境况很困难。小聂耳该上三年级了，学校马上就要开学，可是妈妈帮人家做针线活挣来的钱，连吃饭都成问题，哪有钱给孩子交学费买书呢？

为了送聂耳上学，妈妈悄悄地把聂耳爸爸在世时最喜欢的八音钟卖了，学费总算有了着落。可是书费怎么办呢？妈妈为这件事非常难过。小聂耳见妈妈闷闷不乐，知道了妈妈的心事。

开学那天，小聂耳拉住妈妈的衣角说："妈妈，我有书了。""什么书？""上课的书哇。"小聂耳笑眯眯地回答，从书包里拿出两本用香烟盒纸订得整整齐齐的本子。妈妈翻开本子一看就呆住了，聂耳用香烟盒纸工工整整地抄了两本书，一本国语，一本算术。妈妈看着本子，鼻子一酸，泪水禁不住流了下来。聂耳一边帮妈妈擦眼泪，一边说："妈妈，抄书好啊，可以加深对课文的印象，还可以练字呢。"妈妈激动得把聂耳紧紧搂在怀里。

贫寒的生活丝毫没有影响他对生活的热爱。他家有一位姓邱的邻居，是一位木匠，闲暇时喜欢拿一枝短笛坐在门口吹，那美妙的旋律时而像天上的云彩一样悠扬舒缓，时而像森林里的小鸟一样活泼跳跃。年幼的聂守信陶醉不已，忍不住跑到邱木匠家，跟他学习吹笛子。聂守信很聪明，学得很快，在他的影响下，两个哥哥也跟着一起学。后来，他们用压岁钱买了一枝竹笛和一把二胡。从此他的家就乐声不断，常常引得路人停下脚步聆听。

后来，他又学会了拉二胡、弹三弦和月琴。在他读书的小学校里，他是学生音乐团出色的小指挥，在他家居住的胡同，聂耳又是街坊儿童小乐队的热心组织者。这个小乐队只有五六个成员，聂耳家的人就占了一半，他和两个哥哥，还有附近爱好音乐的小伙伴经常在一起表演。

中学毕业后，聂守信被云南省立师范学校录取了，在这里，他接触了进步组织。一天，他亲眼看见国民党当局杀害了三位革命者，还割下他们的头，挖出他们的心，暴尸示众。聂守信对国民党的暴行感到无比愤怒，从此他不再是一个只会吹拉弹唱的幼稚学生了，他开始思考民族的命运，并加入了共青团。他在一篇文章里写道：

“恶劣的社会快要和我们有为的青年交战了……要打倒恶社会，建设新社会。”

由于参加革命活动，聂守信被当局列入了逮捕名单。有人私下把这个消息告诉了聂守信，聂守信被迫离开家乡去了上海，这一年，他刚满18岁。初到上海，他在一家云南人开的商号里当伙计。一天，他在报上看到了“明月歌剧社”招收学员的广告，想到自己从邱木匠那里受到启蒙至今，一直没有特别好的机会投身艺术，这个契机可不能放弃，聂守信马上跑去报名。主考人是音乐家黎锦晖，他见这个年轻人身上洋溢着奋发向上的热情，而且又有一定的音乐基础，立即录取了他。

在歌剧社，聂守信很快就成了首席小提琴手。由于他的耳朵对音乐特别敏锐，大家就叫他“耳朵先生”，后来，他干脆改名叫聂耳。

“九一八”事变后，日本大举侵略中国。国家危难之际，明月歌剧社的节目仍然是风花雪月那一套。聂耳认为年轻人不应该沉迷于靡靡之音，而黎锦晖主张为歌舞而歌舞，两个人在艺术方向上发生了很大的分歧，最后聂耳离开了明月歌剧社。不久，他结识了诗人田汉，并参加了革命音乐组织。他认为音乐应该为人民呐喊，他决心创作能鼓舞人民奋发向上的新音乐。他开始为电影和戏剧创作主题歌和插曲，并表现出了过人的才华。《大路歌》、《开路先锋》、《码头工人歌》、《铁蹄下的歌女》、《毕业歌》、《前进歌》，一首又一首催人奋发、明快有力的歌曲从他心中涌出，冲击着亿万中国人那麻木怯懦的心灵。

1935年，由田汉和夏衍等人创作的电影《风云儿女》需要一首主题歌，田汉写好了歌词，这首歌就叫《义勇军进行曲》：“起来！不愿做奴隶的人们，把我们的血肉筑成我们新的长城……”负责谱曲的聂耳看到歌词后激动不已，他在自己的房间里忘我地投入了创作，他时而在钢琴上弹奏，时而用手在桌子上打着拍子，时而在地板上走来走去，嘴里还哼唱着旋律。楼下的房东太太听见楼上不分昼夜地发出各种声响，一生气差点把聂耳撵出去。《义勇军进行曲》谱好之后，聂耳立即找到《风云

成长启迪：

“近朱者赤，近墨者黑”。聂耳的音乐启蒙是从邻居木匠那儿得到的。木匠不仅教聂耳音乐，更教他做人的道理。聂耳正是在木匠的启蒙下一步步走上音乐成功的道路。由此可以看出，童年的生活环境对一个人的成长十分重要。

儿女》的导演许幸之，一边在桌子上打着拍子，一边唱了起来。

“太好了！”许幸之被那激昂有力的旋律深深地打动了。不过他觉得这首歌的结尾还不够有力，歌曲原来的结尾是“前进！前进！前进！”在他的建议下，聂耳把它改成“前进！前进！前进进！”这样一来，歌曲变得更有气势。

这首歌，在风雨如磐的黑夜，像黄钟大吕，激励着亿万人民取得抗战胜利。现在，它作为中华人民共和国国歌，响彻祖国大地，激励着我们克服艰难险阻，走向繁荣富强！

聂耳在外漂泊多年，回到家乡时，邱木匠已经去世了，想起童年时邱木匠对自己的帮助，聂耳心里非常感激。

吴健雄：

“百科小丛书”激起她探索自然的兴趣

小健雄对这些奇妙的自然知识产生了浓厚的兴趣，每每为“百科小丛书”中科学家的故事所吸引，她暗自惊叹，这些科学家实在是太伟大了，能够发明那么多东西，今后我也要成为他们那样的人。这成了一个强烈的信念，深深植根在小健雄的内心深处。

Wu Jianxiong

[永远不要把所谓“不验自明”的定律视为必然。
——吴健雄]

吴健雄（1912~1997），江苏太仓人，被誉为世界最杰出的女性物理学家、核物理女皇、中国的“居里夫人”。她获得过除诺贝尔奖以外的几乎所有大奖，1975年当选为美国物理学会有史以来第一位女性会长。

吴健雄是吴家第二个出生的孩子，却是头一个女孩。小名叫薇薇。薇薇出生之时，她的祖父，在清末中过秀才的吴挹峰老先生还在世，吴老先生难免有些重男轻女的观念，因此，薇薇虽是家中惟一的女孩，却没有受到恣意的娇宠。

薇薇的父亲吴仲裔毕业于上海南洋公学，他不但思想进步，有见解、有胆识，而且还是个兴趣广泛的人，喜欢无线电、弹风琴、唱歌、吟诵古典诗词等等。薇薇在浏河镇的明德学校上小学，这所学校是她父亲创建的。在父亲创建学校的过程中，她亲眼目睹了其中的艰辛。父亲在地方乡里勇于承担重任，引领新的风气观念，令吴健雄为父亲骄傲，同时也受到许多启发。

幼时的薇薇长眉秀目，聪明伶俐，识字、背古诗、做算术都比别的孩子学得快，特别讨人喜欢。

薇薇在学校接受了正规的知识教育，门门功课都很优秀。父亲为子女提供了一个宽松的学习环境，对他们的成绩并不作过高的要求。父亲看薇薇沉静好学，天资聪颖，凡事喜欢问个为什么，就特别注意教给薇薇一些新的科学知识。他把上海《申报》上的一些科学趣闻，念给识字不多的小健雄听。他还拿来自己常看的上海商务印书馆出版的“百科小丛书”，为薇薇讲述其中一些科学家的故事。

小健雄对这些奇妙的自然知识产生了浓厚的兴趣，每每为“百科小丛书”中科学家的故事所吸引，她暗自惊叹，这些科学家实在是太伟大了，能够发明那么多东西，今后我也要成为他们那样的人。这成了一个强烈的信念，深深植根在小健雄的内心深处。

吴健雄小时候很佩服父亲的处事能力。那时候，虽然父亲接受了先进的教育，知识渊博，但是多数乡亲文化不高。父亲回到浏河办明德学校时，因为拆了火神庙中的神像，使乡民很不高兴，大家都埋怨他坏了风水。父亲经过考虑，觉得应该用一些乡里人能够接受的办法来解决这个问题。于是，大家选了个好日子，专门安排了送神的队伍，抬着火神像，一路吹吹打打，风风光光地将神像送到另一座城隍庙安家。薇薇和村里的小朋友又跑又跳地看热闹，乡亲们心里也都气顺了。

薇薇最感兴趣的是父亲自已装的一台矿石收音机，它带给童年的薇薇许多欢乐。它里面有新闻，有歌曲，还有故事，给薇薇展现了一个新奇的世界。父亲还给每家茶馆送去一台，使去茶馆的乡亲都有机会听到外面的新鲜事。更令小薇薇和孩子们高兴的是，父亲还到上海租电影片，带回来放给大家看，放电影的日子成了全村的节日。

吴健雄幼年人格的成长和发展，无疑受到了她父亲最大的影响。多年以后，吴健雄仍然无法忘怀童年快乐的日子，说那是一段“美好而快乐的生活”。她看了许多书，尤其值得一提的是那套“百科小丛书”，给了她最深刻的感动，促使她时刻牢记自已的理想：要向书中的人物学习，成为一名科学家！

正是抱定这样的信念，她刻苦学习，最终获得了出国留学的宝贵机会。

1939年吴健雄开始了由塞格瑞指导进行的实验，在这一系列的实验工作中，对吴健雄而言，可以说有两大重要意义。其一是这些实验虽有塞格瑞指导，但是大多数是吴健雄独立完成的；另外则是其中的一项结果，对于后来美国造原子弹的“曼哈顿计划”提供了关键的贡献。

吴健雄在原子核分裂和放射性同位素方面的杰出工作，当时已经使她成为奥本海默等许多大科学家口中的“权威专家”。

吴健雄终于实现了自己幼年的理想，在科学领域里做出了巨大的贡献，成为了世界一流的女科学家。

成长启迪：

良好的家庭教育环境对孩子的成长大有裨益。父亲的“百科小丛书”给了女儿关于自然知识的启蒙教育，女儿对科学研究的兴趣也正是在这时培养起来的。一个人的兴趣不是天生的，与后天的培养关系重大。作为家长有必要多方面培养孩子的兴趣，激发孩子身上的潜能，然后再有的放矢地重点培养，这样，才不至于让孩子走弯路。

赵丹：
痴迷戏剧使他忍不住要一试身手

小赵丹常常溜进“更俗剧场”看戏，一边看还一边“咿咿啊啊”地学唱模仿，他学得惟妙惟肖，令人忍俊不禁。不久，父亲在南城门附近开设了“新新大戏院”，也放电影，小赵丹经常不分白天黑夜地看电影，又成了一个“电影迷”。看了这么多戏，小赵丹忍不住要一试身手。

Zhao Dan

[敢于做演员的人，敢于在这条路上走到底的人，都要有非凡的勇气。——赵丹]

赵丹（1915~1980），原名赵凤翔，江苏南通人，我国杰出的表演艺术家，为中国的戏剧和电影事业做出了巨大的贡献。

赵丹的父亲赵子超平时喜爱赋诗作画，常把赵丹带在身边，教他习字学画。赵丹因此练得一手好字，画画得也不错。他7岁时画的泰山水墨画和南通濠河风光就已经有模有样了。父亲又教他学习少林拳，还练习刀、剑、枪等武术。

赵丹小时候最喜欢的还是看戏和演戏。当时京剧界梅兰芳、欧阳予倩、程砚秋、余叔岩等名角都来过南通，小赵丹常常溜进“更俗剧场”看戏，一边看还一边“咿咿啊啊”地学唱模仿，他学得惟妙惟肖，令人忍俊不禁。不久，父亲在南城门附近开设了“新新大戏院”，也放电影，小赵丹经常不分白天黑夜地看电影，又成了一个“电影迷”。

看了这么多戏，小赵丹忍不住要一试身手。他第一次登台演戏，是在家庭舞台，那时他才7岁。他把草纸裁成一片片的，做成“戏票”，“卖”给妈妈、姨妈和家人，要他们凭票入座。演出的剧目是京剧《空城计》，他演诸葛亮，表兄演司马懿。表兄脸上有麻子，这可是影响形象的大问题。赵丹异想天开地拉着表兄晚上溜到南城门口，从张贴的广告画上偷偷刮些金粉末，第二天在表兄脸上抹了个金脸，遮住了脸上的麻子。他们把鸡毛掸子上的毛尾解下来做成髯口，系在两人的嘴上，赵丹把母亲的香粉拿来往脸上一抹，就粉墨登场了。一亮相，就博得个满堂彩，赢来一片叫好声。小兄弟俩可高兴了。

赵丹上小学二年级时已成了学校的文艺活跃分子，每逢周末班里开文艺晚会，他都会来一段“双簧”和小品。有一次，学校校庆演出大型话剧，他被选中演出“工人甲”，这是一个没有台词的角色，只是手拿一面小旗在台上走过场，但是他演得很认真，这是他第一次在大型话剧中的正式演出。上中学后，他与志同道合的同学办了一个“小小剧社”，自编自导自演节目，在学校很有名气。

上中学时他和同学顾而已、朱今明、钱千里等人组织小小剧社，演出魔术、小歌舞、小戏等。这些人后来都成为著名的戏剧工作者。

1930年，上海左翼戏剧家联盟领导下的上海艺术剧社、上海摩登剧社在南通公演现代话剧《炭坑夫》、《生的意志》、《父归》、《小偷》等剧，

成长启迪：

艺术给人的影响不光是身心得到愉悦，它还可能由此改变一个人的一生。赵丹就是在电影艺术的熏陶下一步步走上了演艺电影的道路。由此可以看出，孩子从小的生活环境对他(她)的成长成才太重要了。一个孩子就算再有天赋，如果没有一个适当的成才环境，那么他的潜能很可能由此被埋没。

赵丹接触了现代话剧，深受影响。同年赵丹考入上海美术专科学校，仍利用假期回南通组织演出。

1937年抗日战争爆发，赵丹参加了具有重要意义的轰动上海的话剧《保卫卢沟桥》的演出，表现了爱国文艺工作者抗日救亡的高涨热情。

中华人民共和国成立后，赵丹主要致力于银幕形象的塑造，致力于民族化的艺术追求。

赵丹在舞台上扮演了近50个角色，拍摄电影50余部。他塑造的人物形象热情饱满、个性鲜明、意境深远，具有浓郁的民族特色。在形体动作上，他还借鉴了中国戏曲以及中国绘画中的“飘逸”、“洒”、“爆”、“舒”的大落笔手法，赋予人物以绚丽的色彩。为探索表演艺术的科学，他撰写了《地狱之门》、《天堂之路》、《银幕形象创造》等著作，为中国的电影事业做出了杰出的贡献。他是我国电影银河中一颗耀眼的明星。

贝聿铭：一座高楼让他怦然心动

那时候，南京路正在建一座新高楼，就是国际饭店，据说要建26层。这怎么可能呢？贝聿铭不相信可以盖那么高的楼，每个星期六都跑过去看。看着它越长越高，真的盖到了26层，成为当时亚洲的最高楼。贝聿铭心想，我要是能建造这么高的大楼该多好！

Bei Yuming

[谦恭并不表示我有丝毫的妥协。——贝聿铭]

贝聿铭（1917~），江苏苏州人，世界著名建筑设计大师，被誉为现代主义设计理念的泰斗，他的许多作品被授予最高荣誉奖。

贝聿铭出生在苏州，那时著名的园林狮子林是贝家的私家花园，贝聿铭小的时候，常到狮子林里面玩。狮子林以假山、石头闻名。这些观赏石的形状都很奇特，上面有很多洞，凹凸有致，有的似人形，有的似兽形，真是千姿百态，光怪陆离。

贝聿铭看到有些园艺工人在石头上雕凿，雕好后就放进湖里不管它了。他很奇怪，就问他们："好好的石头，为什么要在上面打洞呢？"园艺工人对他说："你看，这块石头本身有几处凹陷，我顺着它天然的形态和长势，再凿些新的窟窿在上面，然后将石头放进湖岸，由水波的拍打来完成这些作品。多年后，水把石头磨得圆润了，我们就把石头搬到园子里。通常是父辈们将石头放入水中，由下一代将石头捞起来，要几十年的时间才行。"听完这些话，贝聿铭若有所思，一件真正的艺术作品是要经历时间考验的。

中学时，贝聿铭来到上海读书。上海在20世纪二三十年代，一面是迅速崛起的高楼大厦，一面是破旧不堪的棚户区。那时候，南京路正在建一座新高楼，就是国际饭店，据说要建26层。这怎么可能呢？贝聿铭不相信可以盖那么高的楼，每个星期六都跑过去看。看着它越长越高，真的盖到了26层，成为当时亚洲的最高楼。贝聿铭心想，我要是能建造这么高的大楼有多好。

贝聿铭中学毕业了，在香港当中国银行经理的父亲，希望他学金融或者学医，但是上海国际饭店的这所高楼却让他念念不忘，他心中已经有一个当建筑师的梦想。贝聿铭不顾家人的反对，毅然只身来到美国，到波士顿报考了麻省理工学院的建筑工程学专业。系主任问他："你的绘画基础怎么样？""绘画？"贝聿铭有些茫然，"我没专门学过绘画。""噢，那你还是重新考虑一下吧。"贝聿铭没有进建筑系。他的绘画基础虽然比较薄弱，但他并没有放弃自己的选择。一年后，系主任见他这样执著，就鼓励他再试一试。他这一试就没有回头。

1958年贝聿铭成立了个人的建筑事务所，开业以来几乎每有工程竣工，就受到建筑界的瞩目。他个人获美国建筑学会金奖、法国建筑学院金奖、普利兹建筑奖。其中普利兹建筑奖相当于诺贝尔奖，是建筑界最高荣誉。

贝聿铭一生作品丰富，他设计的建筑物，总是以奇制胜。蜚声世界的华盛顿国家艺术馆东厦、肯尼迪纪念图书馆、纽约国际航空站、巴黎卢浮宫金字塔、香港中银大厦等等，都是他的杰作。这些设计新颖、造型大胆、技术高超的建筑作品在世界引起了轰动。

而正是小时候眼看着那座26层的大楼拔地而起，才让他拥有了这样的雄心壮志，成为了世界著名的建筑设计大师。

成长启迪：

童年，在一个人的人生道路上显得很重要。一个人的兴趣、爱好、理想、愿望往往都是在童年时期产生的。贝聿铭是一个有理想的孩子，他的一生都在为童年的梦想而奋斗，他的梦想终于实现了。

杨振宁：《神秘的宇宙》看得他津津有味

上课的时候，杨振宁喜欢看点课外书籍。有一次他看了艾迪顿写的《神秘的宇宙》，里面讲的是物理学的一些新现象和新理论，内容深入浅出，语言生动活泼，他看得津津有味。回家以后就跟父母开玩笑说，物理学真有意思，我将来要拿诺贝尔奖。杨振宁自己也没想到，这个玩笑多年后竟然成真了。

Yang Zhenning

[尽量多读参考书，博览群书，扩大知识面。——杨振宁]

杨振宁（1922~），安徽合肥人，世界著名物理学家，1957年获得诺贝尔物理学奖。

杨振宁不满周岁的时候，父亲就去美国留学了，母亲悉心教育儿子，到6岁时，小振宁已经认识3000个字了。这时候，父亲获得博士学位学成回国，到厦门大学当数学教授，一家人随父亲到了厦门。在这以前，小振宁没有机会接触新式教育，父亲给他用大球、小球讲解太阳、地球与月球的运行关系，教他英文字母ABCDE……还教一些算术问题。这些新奇的知识让他很兴奋。

一年多以后，父亲当了清华大学的教授，他们又住进了清华园，一住就是8年，这段生活是杨振宁记忆中最美丽、最幸福的时光。当时清华园里只有800多名学生，漂亮的清华园是同学们的天堂。

放学以后，他和小朋友在园里到处游玩，捉迷藏，做游戏。他们爬过园里的每一棵树，几乎研究过每一棵草。要是放学的路上碰到蝴蝶在前面飞，蚂蚁在地面搬家的重要事件，少不了又要好好研究一番。

杨振宁常和一群伙伴骑着自行车在清华园到处跑。为了显示各自的勇敢和车技，他们常常从气象台的坡顶上骑车冲下来，在一段没有栏杆、只用两片木板搭成的小桥上疾驰而过，风在耳边发出呼啸声，十分过瘾。

他7岁就进了小学三年级。一般孩子觉得念书是苦事，他则恰恰相反，他生来就有极强的好奇心，念书对他一点儿也不费劲。上课的时候，杨振宁喜欢看点课外书籍。有一次他看了艾迪顿写的《神秘的宇宙》，里面讲的是物理学的一些新现象和新理论，内容深入浅出，语言生动活泼，他看得津津有味。回家以后就跟父母开玩笑说，物理学真有意思，我将来要拿诺贝尔奖。

杨振宁是家中大哥，他学习太棒了，是弟妹们崇拜的偶像。16岁那年，他随父母迁往昆明。后考入西南联大。进了大学以后，他开始读英文小说，如《悲惨世界》。他常常一面看，一面翻译出来，讲给弟妹们听。弟妹们听得聚精会神，而且上了瘾，每天吃完晚饭就吵着要他说书。可惜他有一个大毛病，他看得太快，这一段还没有讲完，他就跳到几页以后了。

1945年，杨振宁考上公费留美生赴美。23岁的杨振宁刚刚到达纽

成长启迪：

小时候的杨振宁说要拿诺贝尔奖，这显然是一个玩笑，但这并不否认，他对物理学已经产生了浓厚的兴趣。兴趣是最好的老师，兴趣是事业成功的一半。杨振宁正是在兴趣加勤奋的基础上，才将童年的梦想变成了现实。

约，就去了哥伦比亚大学，但物理系的秘书竟然没有听说过他要寻找的那位导师。原来，那位享有盛誉的导师此时正因为参与制造原子弹而被美国政府藏了起来。杨振宁又去了普林斯顿大学，结果同样令他失望。经过长途跋涉，他终于在芝加哥大学实验室里找到了仰慕已久的物理学家——费米教授。从此，著名的费米教授成了杨振宁的老师。

1949年，杨振宁进入普林斯顿高等研究院做博士后，开始同李政道合作进行粒子物理的研究工作，其间遇到许多令人迷惑的现象和不能解决的问题。

此时的他已经有了足够的知识储备，一心要打开神秘的宇宙，揭示更多深奥的物理现象，此时，获得诺贝尔物理学奖金对于他来说已不再是玩笑，而是鞭策他不断前进的动力。

杨振宁对理论物理学的贡献范围很广，包括基本粒子、统计力学和凝聚态物理学等领域，其中在粒子物理学方面贡献最大。

杨振宁终于成功了，他赢得了世人的尊重。1957年，杨振宁梦想成真，获得了诺贝尔物理学奖。他非常感谢那本《神秘的宇宙》，正是因为对那本书印象深刻，他才萌发了当科学家的念头。

金庸：
《荒江女侠》让他从此爱上武侠小说

金庸8岁那年，无意中看到一本武侠小说《荒江女侠》，“琴剑二侠”仗义行侠、浪迹天涯的经历深深地吸引了他，书中的描写令幼小的金庸心驰神往，原来人可以这样自由自在、无拘无束地生活。这是他看到的第一部武侠小说。从那以后，他到处搜罗武侠小说，并发誓长大了也写武侠小说。

Jin Yong

[草木竹石皆可为剑！——金庸]

金庸（1923~），本名查良镛，浙江海宁人。香港知名社会活动家、作家。他创作的武侠小说，风靡全球华人世界，达到当代武侠小说的巅峰。

查家是名门望族，几百年来名人辈出，清朝康熙皇帝曾亲笔题写“唐宋以来巨族，江南有数人家”。查家的先人不仅博学多才，而且重气节，正直刚烈。这种传统在金庸的小说中，都有淋漓尽致的体现。

金庸的父亲受过西洋教育，金庸儿时的圣诞节，父亲送给他一本书作为圣诞礼物：狄更斯的《圣诞颂歌》。书中讲了一个冷漠无情的守财奴，在圣诞之夜遇见三个圣诞精灵的故事，寓意人们不能只想不择手段地赚钱，而应该做一个有爱心的人。这个故事给金庸留下强烈印象，他一直把这本书带在身边。每年圣诞节都翻开读几段。他在《圣诞杂感》一文中说：“我一年比一年更能了解，这是一个伟大温厚的心灵所写的一本伟大的书。”

金庸8岁那年，无意中看到一本武侠小说《荒江女侠》，“琴剑二侠”仗义行侠、浪迹天涯的经历深深地吸引了他，书中的描写令幼小的金庸心驰神往，原来人可以这样自由自在、无拘无束地生活。这是他看到的第一部武侠小说。从那以后，他到处搜罗武侠小说，并立志长大了也要写武侠小说。

金庸非常爱学习，可是他却因为仗义执言而两次退学。17岁时，金庸在浙江嘉兴中学上学，这所学校的训导主任很不讲理，同学们都很反感。有的男生和女生说说话，他就把人家开除了。有的同学在休息时下围棋，他也不允许，把围棋没收了，同学们敢怒不敢言。金庸最痛恨不合理的事情，加之武侠小说给他带来的一股豪气促使他行侠仗义，于是他写了一篇《阿丽丝漫游记》的文章，贴在学校墙报栏里，影射训导主任。训导主任大发雷霆，逼着校长让金庸退学了。

1944年，他考取了重庆的中央政治学校外交系。当时学校中，国民党学生的势力很大，对不同意他们观点的同学公开打骂。金庸气不过，一股“侠客豪情”又促使他去找训导主任讲理，不许他们随便打人。训导主任反而把金庸骂了一顿，金庸愤然退学。

金庸暂时到中央图书馆工作，这里丰富的藏书使他如鱼得水。这期间，他阅读了大量的武侠小说，为他日后的创作做好了充分准备。

后来，金庸创作了15部武侠小说，部部堪称经典，已经远远超越了《荒江女侠》。但他却认为《荒江女侠》对于他来说就像是启蒙老师一般重要，如果没有它，他就不会有写作武侠小说的冲动，更不会有今天的成就。

成长启迪：

“熟读唐诗三百首，不会作诗也会吟！”的确，金庸正是在大量阅读武侠小说的基础上，才对写作武侠小说产生了一种强烈的欲望。是武侠小说影响了他的一生。

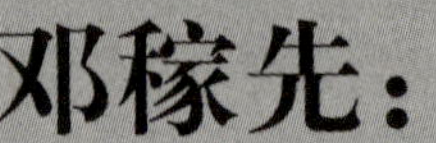

邓稼先：
《万有文库》给了他一个全新的世界

6岁上小学，他喜欢的是数学等自然学科。家里的大量藏书给他提供了很好的阅读条件。他最爱看商务印书馆出版的《万有文库》了，这套几百本的百科全书，给他打开了一个全新的世界，他放了学就一头钻进书房。从这套书里，他学会了许多知识，并立志将来从事科学研究工作。

Deng Jiaxian

[学习是一种很幸福的机会，是为了获得知识和扩大眼界就必须彻底利用的一种机会。——邓稼先]

邓稼先（1924~1986），安徽怀宁人，中国核武器研究领域的创始人之一。他为中国原子弹、氢弹的研制和试验成功做出了重要贡献。

邓稼先出生在书香门第，他从小就活泼好动。他滑冰滑得飞快，棋也下得好。他玩得最绝的是“抖空竹”，可以把空竹抖得像蝴蝶一样上下翻飞。

邓家的生活条件比较优裕，但邓稼先没有什么少爷脾气，跟保姆和黄包车夫的关系很好。有一次，他把家里的香烟拿出来送给车夫老岳抽，求他陪自己下棋。老岳说：“我可以陪你玩一两盘，但你不能随便拿家里的东西，养成坏习惯可不行。”劳动人民的朴实品质在邓稼先的心灵留下了很深的印象。

邓稼先5岁时，父亲给他请了私塾先生，教他背诵《诗经》、《论语》，可是他对这些实在没有兴趣。6岁上了小学，他喜欢的是数学等自然学科。家里的大量藏书给他提供了很好的阅读条件。他最爱看商务印书馆出版的《万有文库》了，这套几百本的百科全书，给他打开了一个全新的世界，他放了学就一头钻进书房。从这套书里，他学会了许多知识，并立志将来从事科学研究工作。

他十几岁的时候，正赶上日本兵侵略中国，中华民族面临着生死存亡，他的家乡也经常遭受日本飞机的轰炸，有的人被炸死了，很多人被迫离开家乡，四处逃难。邓稼先一家也都在惶惶不安中过日子。看到祖国饱受凌辱，年幼的邓稼先有着一腔忧国之心。一次飞机轰炸后，他看着满地的狼藉对母亲说：

“妈妈，这些飞机真可恶，为什么不打他们呢？”

母亲叹口气说：“孩子，我们国家贫穷落后，没有人家强大呀。”

邓稼先坚定地说：“我长大了一定要为国家出力。也让中国强大起来。”

母亲摸着他的头说：“孩子那你就好好地学习吧，学好了才能报效祖国。”

日本人在中国的侵略暴行，激起邓稼先的强烈愤恨。当时日本宪兵队驻扎在府右街，中国人路过那里就得向日本人鞠躬。邓稼先气坏了，他一上学放学宁愿绕很远的路，也不给日本人行礼。有一次，日本人召开大会，给每个学生发了一面小太阳旗，让同学摇旗欢呼。邓稼先悄悄把旗撕了扔掉，不料被一个日伪警察看见，告到了学校。校方本来对日本人就反感，就说没有这回事，搪塞过去了。

考大学时，邓稼先毫不犹豫地报考了物理系。当有人问他为何选这个专业时，邓稼先说：“我们国家被人欺辱，都是因为科学不发达，如果科学上去了，国家就会强大起来，到那时再也没有人敢欺辱我们了。”

抱着科学救国的想法，他进了西南联合大学物理系。在这里，他如饥似渴地学习科学文化知识，对于早年接触的《万有文库》，他的认识更加深刻了，同时他也有自己的看法，因为那都是前人的成果，后人只有不断超越，才能推动社会发展进步，这样一想，他感到重任在肩。

1948年毕业后，年仅24岁的邓嫁先赴美留学，在印第安那州普渡大学攻读物理学，进入刚刚起步的原子弹研究领域。他26岁获得博士学位，被人们称为“娃娃博士”，当时，有位朋友劝他说：

“你毕业后就留在美国吧，这里试验条件好，对你的事业非常有利。”

邓稼先却说：“虽然这里对个人的发展有利，但是我们的国家更需要人才啊。”

于是邓稼先谢绝了朋友们热心地为他安排好的工作。就在他获得博士学位的第9天，就冲破美国政府设置的重重阻碍回到了祖国。

1958年8月，钱三强推荐邓稼先去参加原子弹的研制，邓稼先十分高兴。这是一项非常保密的工作，甚至于不能告诉家里人真实的情况。邓稼先自觉地遵守保密纪律，他回到家里后他对妻子说：

“以后，家里的事，我可能无法帮助你管了。”

“怎么了？”正在做饭的妻子有些吃惊。

“我要调动工作，去干一件大事，”邓稼先拉着妻子的手说，“这是值得我投入一生的精力去干的一件事，干好它，这一生就没有白活，就是为它死了也值得。”妻子看着他一脸郑重的样子，似乎明白了什么，也就不再多问了。当时出于保密的需要，参加研制工作的人不能再公开露面，不能再发表文章，从此他就告别了国内外一切社交活动，来到大西北，默默无闻地投入到原子弹的研制工作中。

原子弹理论设计关系到各项工作的成败。邓稼先带领大家进行理论设计，当时没有先进的计算机，他们常常夜以继日地计算，算出结果来，又反复验算了8次，还不放心，再请著名的科学家论证，证明数据完全可信，他才放下心来。当时正值全国三年自然灾害时期，大家都吃不饱，而邓稼先和同事们常要夜里加班，那就更是饿得难受了，肚子咕咕作响，胃有时都会痉挛得难以忍受。于是邓稼先想出个办法鼓励大家说：

“我们冲一杯酱油开水喝吧。这可是生命的添加剂啊。”

大家都被邓稼先的乐观所鼓舞了，又振作起来。就在这样艰难困苦的环境中，他们完成了我国第一颗原子弹的研制工作。

紧接着，邓稼先又接到了开始研制氢弹的新任务。而此时，“文化大革命”的风暴已经席卷了全国，邓稼先所在的那个封闭的科研世界也透进了动乱的气息，一位同事停下了手中的活有些担忧地说：

“现在处处人心惶惶的，我们怎么办呢？”

邓稼先坚定地说：“不管外面怎样，我们现在一定要争分夺秒，要抢先。”

在他的鼓励下，他们加班加点，有时在机房里一干就是一个通宵，困了就睡在机房的地板上。1967年7月，也就是在原子弹爆炸两年零八个月之后，中国第一颗氢弹又试爆成功了。国外的专家们对中国闪电般的进步，感到震惊不已。因为中国从原子弹到氢弹的爆炸只用了两年零八个月，而美国足足用了7年，苏联用了4年。

1971年，邓稼先的一位老朋友回国访问。他们过去曾一起读书一起留学。见面后老朋友拉着邓稼先的手惋惜地说：

“以你的才华，如果当时留在国外，现在早已扬名世界了。”

邓稼先拍拍老朋友的肩膀说：“我不后悔，虽然我只能默默无闻地从事艰苦的工作，我知道我的选择是值得的，有意义的。”

邓稼先的一生与我国核事业紧密相连，在我国已经进行的32次核实验中，由他现场指挥的就有15次。每一次重大的实验，每一次里程碑式的实验成功，都有他的参与。他牺牲了个人的利益，为我国的核弹事业奉献了毕生的精力。

邓稼先生前，一直保存着那套《万有文库》，用他自己的话说，这套书很有纪念价值。

成长启迪：

一本书对一个人带来的影响是不可估量的。《万有文库》不仅让邓稼先学到了许多科学知识，更重要的是，它让邓稼先萌发了将来从事科学研究的念头。所以说，多读书、读好书，对一个人的成长成才十分有益。

李政道：父母给了他一个安宁的读书环境

随着战火的迫近，为了寻找安静的环境，父亲又把他们三兄弟送到了江西赣州的联合中学。江西的生活非常艰苦，父母又都不在身边，他们除了学习还要互相照料。但大后方的和平环境，使酷爱学习的李政道感受到了难得的安宁。李政道十分感激他的父母，如果当年不是父母给他提供一个安宁的读书环境，他是很难有后来的成功的。

Li Zhengdao

[你不能计较早晨或黄昏，一天二十四小时都是你的工作时间。——李政道]

李政道（1926~ ），出生于上海，著名物理学家。1957 年与杨振宁共同获得诺贝尔物理学奖。

李政道的父亲毕业于金陵大学，母亲毕业于上海启明女子中学。李家属于名门望族，在那时可算是一个典型的知识分子家庭。

李政道的父母对子女的教育是十分尽心和严格的。为了使子女在数学、英文和国文方面有坚实的基础，还专门请了家庭教师，家庭教师对李政道智力的开发起到了很大的作用。

李政道从小就十分喜欢读书，成天沉浸在书本中。只要有书，就什么都不顾了。一次他在上海英租界乘电车，因读书入迷，下车时，避让不及撞到了一个外国人身上。傲慢的外国人招来了租界上的外国巡捕，抓住了李政道。巡捕反背了李政道的双手，竟让那个外国人打了他一顿。那时李政道才 13 岁，他一辈子都没有忘记此事带给他的伤痛。

他 15 岁时，日军侵占了上海。兵荒马乱，世道艰难，更使父母亲意识到教育孩子的重要。他们下决心将李政道和他的两个哥哥一起送到了浙江嘉兴的秀州中学。李政道和小哥哥们开始了枪炮声中的学习。随着战火的迫近，为了寻找安静的环境，父亲又把他们三兄弟送到了江西赣州的联合中学。江西的生活非常艰苦，父母又都不在身边，他们除了学习还要互相照料。但大后方的和平环境，使酷爱学习的李政道感受到了难得的安宁。他不觉得困难和不适应，只是如饥似渴地学习着，成绩非常突出。

李政道读高三的时候，有一天，学校的训导主任派人把他请去。李政道心里直打鼓，训导主任有请大概不会有什么“好事”吧。训导主任这天还特别和气，指着坐在一旁的数学老师说：“不少老师夸奖你，说你学习刻苦努力，成绩也很不错，特别是数学、物理更突出，很有天赋。现在战乱期间，学校聘老师很困难，经校方考虑再三，想让你为低年级同学上这两门课，怎么样，没有什么问题吧？”原来是这样，让我来当小先生！李政道感到非常突然，一下子愣住了，竟不知如何回答才好。

坐在一旁的数学教师笑着向他点点头，慢条斯理地说：“小同学，当然做一个好老师也是一件不容易的事，这件事可以解校方的燃眉之急，对你个人也是一件大有益处的事情。”李政道使劲地点了点头，算是答应了这件事。

就这样，李政道走上了讲台，给低年级的同学上数学和物理这两门课。他不仅要学好自己的功课，还要抓紧课余时间来备课。由于他平时学习认真，很多概念在学的时候体会比较深，又是刚刚学过不长时间，很了解学生的难点和疑问，因此他的课讲得浅显易懂，竟收到了成年老师达不到的效果。学生们看着这位比自己大不了几岁的“小先生”，一本正经神态自如地侃侃而谈，都赞叹不已。

1943 年，17 岁的李政道离开江西，准备报考迁到贵阳的浙江大学。一路上他主要靠步行，衣食全无保障，又遇瘟疫流行，历经艰辛，没有小学和中学文凭的李政道，终于以同等学历的资格考取了浙江大学物理系。

浙江大学几经搬迁，办学条件很差，师生们过着异常困苦的生活。学校在竺可桢校长的带领下仍不断地开展教学和学术活动。在这里李政道开始接触到了一些国际知名的物理学家，像30年代从德国留学归来的王淦昌和束星北等人。李政道就是在这里开始接触量子力学、狄拉克方程、光谱精细结构、中微子实验与理论等重要的物理前沿问题，为日后解决重大的物理学课题打好了基础。

当时教室和宿舍都很拥挤，想找一个读书的地方也很困难，这使他十分怀念在江西联合中学的读书生活。但是他没有将这里的读书环境写信告诉自己的父母，他不想让父母为之牵挂。他决心有困难自己克服。后来李政道发现附近的茶馆是个好去处，那里有座位，有桌子，正好读书。李政道和同学课后便到茶馆里，花钱泡上一杯茶，一坐就是一天。但是茶馆里人来人往，喧哗吵闹，一会儿也不得安静。开始时李政道很不习惯，但也没有更好的去处，久而久之练出了一套闹中取静的功夫，可以专心读书，不受外界干扰。一天下来，茶水变成了白开水。后来，李政道常自称是“茶馆里的大学生”。

日军侵入贵州以后，浙江大学不得安宁，最终被迫停办。李政道转入昆明西南联合大学。西南联大是抗日战争爆发后不久，由清华大学、北京大学和南开大学在昆明组成的一所联合大学，它聚集了当时我国一大批最优秀的学者和教授，虽然教学设备很差，生活条件也不好，但教学质量还是很高的。而动乱时期，还能有一所安宁的学校读书实在是太幸福了。他仿佛又回到了江西联合中学。为此，李政道特别珍惜来之不易的学习机会。

1946年秋，在吴大猷先生的推荐下，19岁的李政道从昆明辗转到上海，从黄浦江畔登上了“美格将军号”轮船赴美国深造。芝加哥大学是惟一允许没有大学毕业资格的学生进行博士研究的大学，他就在芝加哥大学注册了。

李政道在西南联大注册时，杨振宁已经获得硕士学位了，那时候李政道与他只是点头之交。而现在他们都住在芝加哥大学的国际学生公寓内，他们开始很认真地讨论物理学中的一些问题。

他们的努力终于换来了丰硕的成果。1957年李政道和杨振宁获得了诺贝尔物理学奖。

李政道十分感激他的父母，如果当年不是父母给他提供一个安宁的读书环境，他是很难有后来的成功的。

成长启迪：

可怜天下父母心。李政道的父母为了给战乱中的孩子一个安宁的读书环境，先后让他们两次转学。而江西联合中学良好的学习氛围对李政道的学习极为有利，特别是训导主任的重用更是给他的成长帮助很大。所以说，作为家长，应该尽可能地为孩子提供一个良好的读书环境，为孩子的成长成才铺平道路。

李嘉诚：

茶客的一句话让他一生谨慎处事

那天，因为太疲倦了，李嘉诚当班时有点挺不住了，一不小心把一壶开水洒在地上，溅湿了客人的衣裤。“没关系的，我看这孩子挺有出息的。只是以后要记住，做什么事都必须谨慎，不集中精力怎么行呢？”客人笑着对李嘉诚说。之后，他把“谨慎”二字当成了自己的人生信条，无论做什么都全神贯注。这对他后来的事业起到了很大的作用。

Li Jiacheng

[知识改变命运。——李嘉诚]

李嘉诚（1928~），广东省潮州人，香港知名企业家、慈善家，世界华人首富。

李嘉诚的祖父是清朝末年的秀才，父亲李云经也受过很好的教育，以教书为职业。李嘉诚从小就受到家庭文化环境的熏陶，3岁就开始读唐诗，到小学毕业时，已经能读《红楼梦》、《老残游记》、《资治通鉴》了。

可是，李嘉诚3岁时，祖父就去世了，从此家里的经济条件越来越差，生活越来越困难。父亲几次被迫丢下教鞭，到南洋去做生意，然而都没赚到钱，最后还是回到家乡来教书，艰难地维持着一家人的生活。李嘉诚放学后，常常到码头边去捡煤屑。父亲生了病，也没有钱去医院，还要坚持工作，有时候一边批改学生的作业，一边大口大口地吐血，使小嘉诚深感心痛。抗日战争爆发后，李嘉诚一家人离家逃难，先后在汕头、惠阳、广州等地流浪，经常露宿车站。父母和小嘉诚都不得不到大街上卖香烟、糖果、针线挣点钱，忍饥挨饿过日子，最后一家人逃到香港避难。父亲积劳成疾，终于病倒在床。1943年，还不到40岁的父亲就离开了人世。刚上了几个月中学的李嘉诚从此失学了。

在那兵荒马乱的年月，到处都是失业的人，李家孤儿寡母，就更难找到工作了。母亲设法批发一些塑料花去卖，每天只能赚到几角钱，根本无法养活一家五口。李嘉诚是家中的长子，对母亲非常孝顺，他不能不帮助母亲承担家庭生活的重负，所以到处找事情做。终于，一位茶楼老板看他们可怜，答应收留小嘉诚在茶馆里当烫茶的跑堂。16岁的小嘉诚，从此踏进纷繁复杂的社会，开始了顽强拼搏的人生旅程。

南方人起得早，睡得晚，茶楼天不亮就要开门，到午夜还不能休息。每天“披星戴月上班去，万家灯火回家来”，要工作十几个小时，对一个未成年的孩子来说，这实在是太难熬了。小嘉诚也抱怨过自己的“命”不好，甚至希望哪天日本鬼子的枪走火，把他打死算了！

此时的李嘉诚虽有灵气，但社会经验仍严重不足，直到一次偶发事件，才使他真正觉醒过来，并加强了对自己的要求，再不自怨自艾，而是勇敢地挑战命运。

那天，因为太疲倦了，李嘉诚当班时有点挺不住了，一不小心把一壶开水洒在地上，溅湿了客人的衣裤。此前茶楼也偶尔出现过这种情况，顾客通常是破口大骂，老板二话不说就让跑堂的走人。

李嘉诚很紧张，因为一旦失业，全家人的生活就会更窘迫了。他等待着客人的巴掌、老板的训斥。老板倒是训斥了他一通，并要开除他，李嘉诚心想，这下完了。但让他没想到的是，那位客人并没有责怪他的意思，反而为他开脱，一再为他说情，让老板不要开除他。

“没关系的，我看这孩子挺有出息的。只是以后要记住，做什么事都必须谨慎，不集中精力怎么行呢？”客人笑着对李嘉诚说。

李嘉诚松了口气，十分感激这位客人，也把对方的话记在了心间，之后，他把“谨慎”二字当成了自己的人生信条，无论做什么都全神贯注。

这以后，他吸取了教训，在茶楼工作时再也没犯过类似错误，久而久之，竟使他练出了一种眼光，一个人是从事什么职业的，他的性格特征、生活习惯、为人处事，一见面就能猜出个八九不离十，也知道了该怎样与这样的人相处。他读书不多，但是学会了利用环境观察别人，这也算是社会心理学吧！这一切对他后来的事业都起到了很大的作用。

随后，李嘉诚辞掉了跑堂的工作，从塑胶厂当推销员开始，一直干到了业务经理。3年以后，正当厂里准备重用李嘉诚的时候，他却坚决地辞职了。20岁的李嘉诚认为自己已看清了形势，做好了准备，他要放手大干一番了。

白手起家的李嘉诚，用自己几年来积蓄的7000港元，又向朋友借了些钱，在维多利亚港附近的一条小溪旁，租下了一间灰暗的小厂房，买下了一台老掉牙的压塑机，办起了“长江塑胶厂”。有人开玩笑说，这个厂只有这块招牌是新的，别的全是旧货！

但李嘉诚绝对不是头脑发热，他时刻谨记着当年那位客人送给他的那番话，始终坚定不移地执行着谨慎为人、谨慎做事的原则，一旦认准的事，他就会集中精力把它干好。

虽然厂子刚创办时，缺乏资金，更缺乏人才，采购、设计、生产、推销，都得李嘉诚亲自过问，但他依然信心十足，因为他相信自己的眼光，只要经营有方，肯定能够赚钱。

随后，李嘉诚经过反复考察，最终得出结论，塑胶花的市场需求很大，自己应该从这方面着手。于是他毅然决定，大量生产各种各样的塑胶花。果然，塑胶花很快进入了千家万户，也为李嘉诚带来了可观的收入。

古人说“三十而立”，30岁的李嘉诚，已经成了老少皆知的“塑胶花大王”。他从一个茶楼跑堂成为千万富翁，只不过用了10年多的时间。长江塑胶厂的牌子换成了长江实业有限公司，昔日的破厂房也变成了窗明几净的高大厂房，工人们都穿上了制服。

正在塑胶花畅销全球的大好局面下，李嘉诚却敏锐地意识到，由于塑胶行业高利润的吸引，越来越多的人拥入塑胶行业，这就势必导致激烈的竞争，“好日子很快会过去”，他打算抽身而出，因为如果再不审时度势做出相应的调整的话，所引起的后果就不仅仅只是“溅湿衣裤”的问题了。

有人认为他太过保守了，大好形势，怎能轻易放弃，但李嘉诚有自己的想法，他认为这不是保守，而是经商中必须具备的一点素质，那就是谨慎和预见性。

随后，他开始寻找下一个机会了，这一次他找到的是房地产业。香港本来就是弹丸之地，自20世纪50年代末期经济开始复苏，世界各国冒险家、投机家纷纷拥入香港，经济和人口迅速增长，土地资源很快出现了短缺的势头，所以地价一直处于上升状态。

60年代中期，内地发生了“文化大革命”的动乱，闹得香港也人心惶惶，整个社会乱成一片。很多富翁纷纷逃离香港，争着廉价抛售产业。李嘉诚正在建筑中的楼房也被迫停工，因为那时就是建成了也没人会买。如果按照当时的房地产价格来算，李嘉诚简直可说是全军覆没了！

处在惊涛骇浪中的李嘉诚，临危不乱，沉着应变。他仔细分析局势，不相信香港会就此垮掉，他认定动乱是暂时的，中国肯定很快就会恢复安定，香港还将进一步繁荣发展，而房地产的价格必然会回升。

经过慎重考虑之后，在别人大量抛售房地产的同时，李嘉诚却反其道而行之，将自己所有的资金用来大量收购房地产。朋友们知道后，都为他担心，纷纷劝他不要做傻事。李嘉诚毫不动摇，他说：“我看准了不会亏本才敢买，男子汉大丈夫还怕风险？怕就别干实业这一行！”

李嘉诚又一次成功了。70年代初，香港的房地产价格开始回升，李嘉诚从中获得了200%的高利润！到1976年，李嘉诚公司的净产值达到

5个多亿，成为香港最大的华资房地产实业。

时势造英雄，在香港富豪的“龙虎斗”中，李嘉诚以独特的经营方针和策略，把握时机的准确和果断，超凡的毅力和信念，步步为营，节节高升，最终登上了香港首席大富豪的宝座，成为称雄香港的“超人”！1992年，美国的《福布斯》世界富豪排名，李嘉诚以38亿美元的个人财产列世界第35位，成为全球华人中的首富！

而此时的李嘉诚，始终没有忘记对他的人生产生巨大影响的那位大度的客人。几十年以后，他仍颇有感慨地说：“如果能找到那位客人，我一定要让他安度晚年。”他还说：“这也是一次教训，谁叫自己不谨慎？父亲曾多次告诫我，要做男子汉，就要‘失意不能灰心，得意不能忘形’。顶天立地的男子汉，第一是要能吃苦，第二是要会吃苦。”

成长启迪：

一个人不是生来就很清醒，也不是天生就是智者。华人首富李嘉诚也不例外。刚进茶楼的李嘉诚明显有些委靡不振，感叹命运的不济。如果不是一次溅水事件，他还不知道什么时候才能振作起来。成长中的一件小事对他的影响实在是太大了。“谨慎做事，全神贯注”成了他久经商场而不衰退的绝佳武器。

袁隆平：
园艺场给他留下了深刻的印象

袁隆平上小学一年级的时候，学校组织学生们郊游，参观一个资本家的园艺场。园艺场里满目青翠，小草青青，各种美丽的花儿争奇斗艳，水果挂满枝头。袁隆平心想，这大概就是古人说的“世外桃源”吧，如果长大后能在这样的“仙境”中工作该多好。这次参观给袁隆平留下了深刻印象，并最终把袁隆平召唤到浩瀚的农田中。

Yuan Longping

[依靠科学技术进步就能养活中国。——袁隆平]

袁隆平（1930~），联合国粮农组织国际首席顾问，世界著名杂交水稻专家，我国杂交水稻研究领域的开拓者和带头人，他为我国粮食生产和农业科学的发展做出了卓越的贡献。

袁隆平的父母都是知识分子，虽然家境还过得去，但在战火纷飞的年代，为躲避战乱，父母带他前后辗转于北京、重庆、武汉、南京等地。

袁隆平8岁的时候，随着父母从汉口逃难来到湖南桃源县。有一天，好不容易等到一条船，逃难的人群纷纷往船上挤，弟弟一不小心把他从船头挤下去，他一头栽到滚滚的江水中。一位老船工飞身跳下水，袁隆平才算捡回一条命。大难不死的袁隆平决心要像船工老伯那样学会游泳，也能在危急时刻跳下水救人。

后来，他们又举家逃到重庆。夏日的傍晚，袁隆平放学后一路跑回家，放下书包就跑到长江边，投身到江水中是他最惬意的事。他先学会踩水，再学蛙泳，可是速度不够快。真要去救人，太慢了怎么行？经过勤学苦练，终于又学会了“自由式”。一个不到10岁的孩子，竟胆大包天，敢于去横渡长江了。

1947年，他家已经迁回汉口。湖北省举行游泳比赛时，他抢着报名参赛。他虽然十六七岁了，可是个头瘦小，体育老师不同意他参赛。他暗自穿好了运动服，搭了另一个参赛同学的自行车，悄悄地混进赛场，最后竟一举夺得汉口赛区男子自由泳第一名和全省男子自由泳第一名。

袁隆平虽然生长于大城市，却最终选择了农业和乡村作为自己的事业。这里面也有一个故事，袁隆平上小学一年级的时候，学校组织学生们郊游，参观一个资本家的园艺场。园艺场里满目青翠，小草青青，各种美丽的花儿争奇斗艳，水果挂满枝头。袁隆平心想，这大概就是古人说的“世外桃源”吧，如果长大后能在这样的“仙境”中工作该多好。这次参观给袁隆平留下了深刻印象，并最终把袁隆平召唤到浩瀚的农田中。看来我们要感谢他的小学老师，如果不是那次郊游，袁隆平也不可能对一个园艺场念念不忘，也就不可能有我们以后的“水稻之父”了。

童年的袁隆平十分好动，喜欢无拘无束。上中学时，他喜欢外语、地理、化学，这几门功课每次考试，他都能得到很高的分数，不过，他不太喜欢数学，一般就是及格。当时，他和同学林华宝还有一段“交易”，林华宝的数学特别好，他帮袁隆平改数学习题，袁隆平教林华宝学游泳。为此他们两人还签了合同。

20世纪60年代初期的中国，正处于严重的自然灾害。在大城市里出生的袁隆平原本可以选择更舒适的工作，但他目睹了这一切，想起自己小时候参观的那个园艺场，觉得农业也是一门很有意思的技术。关键是

成长启迪：

袁隆平自己也不会想到，一次园艺场的参观给他留下那么深的印象，并最终将他召唤到农田中去。其实孩子的可塑性都很强，假如当年袁隆平参观的不是园艺场而是什么建筑，那么，他很可能长大后会成为一个建筑设计师。所以说，从小多接触新鲜事物，这对培养一个人的兴趣大有益处。

能够做自己最喜欢做的事。于是他放弃了其他优厚的条件，决心从事人工杂交水稻的研究，生产更多的粮食，解决人们的温饱问题。

袁隆平首先在高粱与玉米杂种优势利用的启示下，设计了“三系”杂交水稻的培育方法，即不育系、保持系、恢复系。他克服了“文革”的影响和重重难关，和助手利用一株天然野生雄性不孕稻“野稗”，为三系杂交水稻研究打开了新局面，于1972年培育成了中国第一个应用于生产的不育系“二九南1号”。1973年10月，袁隆平发表《利用野稗选育三系的进展》一文，正式宣告我国杂交水稻“三系”配套成功。又于1974年，培育成我国第一个强优势杂交组合“南优2号”，试种亩产超过千斤，比常规稻增产20%。从1976年三系杂交水稻开始推广到2000年，全国累计推广38亿亩，增产3600亿公斤，极大地解决了我国的温饱问题，三系杂交水稻被誉为“东方魔稻”。

面对巨大的成功，袁隆平并没有满足，没有坐享其成，他说：“搞科研的如同跳高，跳过一个高度，又有一个新的高度在等你。要是不跳，早晚要落在后头。”

1995年，袁隆平又开始了超级水稻的研究，经过5年的攻关，于2000年达到了第一期目标，共有数十个百亩片和数个千亩片亩产达到了1400斤以上。这一成果被评为“2000年中国十大科技进展”的第一项成果。

美国学者巴来伯格赞扬道：“袁隆平赢得了中国可贵的时间，他增产的粮食实质上使人口增长率下降了。他在农业科学上的成就击败了饥饿的威胁；袁隆平领导着人们走向丰衣足食的世界。”

丁肇中：
横幅上的一句话成了他学习的座右铭

开学第一天，丁肇中在校门口，被高高悬挂的横幅吸引住了。横幅上醒目地写道："古之成大事者，不惟有超世之才，亦必有坚忍不拔之志。"这是校长为勉励学生努力学习摘录的苏东坡的名言。丁肇中觉得这句话说得实在是太好了，于是他决心把这勉励当成自己今后学习的座右铭。

Ding Zhaozhong

[最浪费不起的是时间。——丁肇中]

丁肇中（1936~），祖籍山东日照，著名物理学家。1976年获诺贝尔物理学奖。

丁肇中的父母亲都是教育家。他出生时，正值日军发动侵华战争，一家人疲于躲避战火，生活动荡。丁肇中因此没能受到正规的小学教育，他在颠沛流离中度过了自己的童年生活。

12岁时他随父母辗转到了台湾，考入台北的成功中学，一年后又考入了台北一流的建国中学。开学第一天，丁肇中在校门口，被高高悬挂的横幅吸引住了。横幅上醒目地写道："古之成大事者，不惟有超世之才，亦必有坚忍不拔之志。"这是校长为勉励学生努力学习摘录的苏东坡的名言。丁肇中觉得这句话说得实在是太好了，于是他决心把这勉励当成自己今后学习的座右铭。

丁肇中这样想的也是这样做的。他没有上过小学，于是在中学开始了强补。他学习刻苦，成绩十分优秀，尤其喜欢数理化。他的一个同学曾在毕业纪念册上留下这样的赠言："你的理科可以说在班上无敌手，我希望你集中全力向理科进攻，发明几个丁氏定律！"看了同学的赠言，丁肇中深受鼓舞，他又想起了苏东坡的那句话，信心更足了。

20岁时丁肇中只身赴美，进入密执安大学，1962年获得物理学博士学位，选定实验物理作为他的主攻方向。他领导一个小组在纽约的布鲁克国家实验室进行了一系列实验，以寻找新的重粒子。实验的艰巨性和复杂性可想而知。可是"古之成大事者，不惟有超世之才，亦必有坚忍不拔之志"。这是他人生的座右铭，干什么如果没有一股超凡的毅力又怎么能取得成功呢！

1974年11月12日，已在实验室里夜以继日地工作了两年多，全心全力攻关的丁肇中兴奋地向全世界宣布，他的小组发现了一种未曾预料过的新的基本粒子——J粒子。与此前人们所发现的粒子不同的是，这种奇怪的粒子有着两个独特的性质：质量重，寿命长。因而可以断定：它一定来自第四夸克。这个发现推翻了过去认为世界只有3种夸克组的理论，为人类认识微观世界开辟了一个新的境界，影响之大难以估量。因此，丁肇中的发现被科学界称之为"物理学的十一月革命"。

1976年，丁肇中荣获诺贝尔物理学奖。

丁肇中还热心培养中国高能物理学人才，经常回国选拔年轻科学工作者去他所领导的小组工作；并受聘为中国科学技术大学名誉教授，中国科学院高能物理研究所学术委员会委员。

成长启迪：

同样是苏东坡的名言，如果在课本上读到，也许就会一扫而过，过目即忘。而横幅挂在校门口，就显得特别醒目，撼人心灵。我们不能不承认这位校长的用心良苦。这种教育是无声的，却是最令人受益的。丁肇中正是看了校门口的那句话，才立志发愤苦读，并最终走向成功。

崔琦：母亲的一个决定改变了他的人生走向

如果崔琦按照这样的路走下去，顶多也就能混个生产队会计当当。可是，2年后，他的母亲的一个决定却让他的命运发生了翻天覆地的变化。为了儿子的前途，母亲毅然决定让12岁的崔琦投靠已去香港的两个姐姐，以完成他的学业。母亲的这个决定是伟大的，儿子的成功就是最好的证明。

Cui Qi

[选择对社会、对人类有贡献的科目，选择自己有热诚去做的工作，自然会走向正确路途。——崔琦]

崔琦（1939~），出生于河南宝丰县，著名物理学家。获得1998年诺贝尔物理学奖。

崔琦的母亲有着不同于常人的广远见识和博大胸怀，她深知教育对一个人成才的重要意义。

崔家的家规严，在当地是出了名的。有一次，一位老太太听说崔琦和村上几个孩子偷她地里的瓜，便在崔琦的母亲跟前告了他一状。崔琦放学回家后，母亲叫住他："驴娃儿（崔琦的乳名），你偷人家的东西啦？"崔琦没搭腔。母亲说："去吧，门楼底下墙角里跪着！"崔琦便放下书包，自己拿锹弄了些炉渣放在门楼底下，面朝里直直跪在那儿一声不吭。跪了好一会儿之后，告状的老太太反而觉得不好意思了，劝崔琦的母亲王双贤放过孩子这一次。过了好长时间，王双贤才叹口气喊他站起来。崔琦低着头来到母亲跟前，母亲问他以后还偷不偷人家的东西了，崔琦说："娘，俺以后不和他们一路上学了。"事后，崔琦的母亲才知道崔琦那次根本没偷瓜，只是在路上和偷瓜的孩子们碰到一起罢了。母亲问崔琦当时为什么不说明情况。崔琦说，当时娘正在气头上，说了也没有用，再说那时我毕竟跟他们在一起，即使没偷也说不清楚，就想干脆认了算了，况且娘这样要求我也不是坏事，偷人家的东西到哪儿说都丑，我不想让娘为我担心。

离崔琦家门口约200米远的地方，有一个大水坑，每到盛夏时节，大人孩子总爱到坑里洗澡，崔琦自然也是其中的常客，但他洗澡却和别人不一样。别人总是边洗边打闹，不是一个猛子扎到水下抓把泥涂人一脸，就是把同去的伙伴按在水里"老牛饮水"，再不然就是拿水泼路过坑边的女孩子。可崔琦总是文文静静地一个人洗，因为每次出来母亲总是叮嘱他不要做与人为难的事，也不要在水里和别人打闹，以免伤了和气。

母亲从不娇惯崔琦，崔琦稍大一点就帮家里干活。农忙时他帮父亲在田里干活，撒肥、锄地、浇水；农闲时他给家里的毛驴儿割草，再不就是到附近树林里捡柴火，或者帮父亲收拾家里的院墙。母亲深知，人必须能吃苦、爱劳动才行，否则长大就会养成好吃懒做的毛病。同时，母亲还教育他不管到何时何地、自己有多大本事，都要保持谦虚待人的品格，只有这样，才会得到别人的敬重。母亲身体力行，为儿子示范。她时时处处以诚待人，平等地善待所有乡邻。

1949年，崔琦小学毕业了。因当地没有中学，他便辍学在家，一边帮助父母干农活，一边在小学当代课教师，有时还帮村里干点事。一次村里丈量土地，村长叫他去帮忙。别人都是量一下记一下，可崔琦只看不记，量地的人喊："崔琦，你记了没有？"崔琦说："你只管量吧，俺心里搁着呢。"地量完了，他将各块地的亩数一一准确地报了出来。听说这事后，村里的老会计不信，专门找了一块不规则的地让他算。各个边的数据刚量出来，崔琦就说出了这块地的亩数。老会计反复算了多遍，与崔琦报的亩数分毫不差。

如果崔琦按照这样的路走下去，顶多也就能混个生产队会计当当。可是，2年后，他的母亲的一个决定却让他的命运发生了翻天覆地的变化。为了儿子的前途，母亲毅然决定让12岁的崔琦投靠已去香港的两个姐姐，以完成他的学业。

崔琦到香港后，面临的最大困难是语言关，一要学说广东话，二要学习英文。三姐便让他重读小学六年级，先学习语言。刚开始时，因为语言交流困难及生活拮据等原因，崔琦异常孤独、苦闷，十分思念家乡的父母亲，几次写信给母亲要回老家。母亲收到信后，让别人告诉崔琦不要想家，好好读书求学才是对父母亲最大的安慰。崔琦一颗浮动的心渐渐地平静了下来。

经过一年的刻苦学习，崔琦考上了香港培正中学。为了节省车费，除了下大雨、刮台风外，他都坚持步行上学。中午常常只干啃两个面包，从不舍得买饮料喝。即使是这样省吃俭用，两个姐姐也很难承受他的生活费和昂贵的学费。崔琦知道，自己只有一条路可走，就是靠加倍的努力学习，争取年年拿到奖学金。否则，就对不起自己的母亲。要知道，村子里当年和他一起辍学的孩子都没有再读书。功夫不负有心人，崔琦在培正中学的6年时间里，每年学习成绩都名列前茅，每年都能获得奖学金。

1957年夏天，崔琦以优异的成绩完成了中学学业。翌年获得美国伊利诺伊斯州奥古斯塔纳学院的全额奖学金，赴美开始了他的大学生活。

这时，他的父亲崔长生已身患重病，卧床不起。作为惟一的儿子，崔琦本应回国为父尽孝，但母亲却始终对他隐瞒了这件事，直到1959年夏天父亲去世，母亲都没对他透露一点儿消息。在这之后的9年间，母亲不管自己受多大的罪，都没有影响儿子的学业。

1967年，崔琦在芝加哥大学获物理学博士学位。一年后，母亲却去世了。1998年，崔琦因发现强磁场中共同相互作用的电子能形成具有分数分子电荷的新型粒子而获得诺贝尔物理学奖。

崔琦做客杨澜的节目时，杨澜曾问过崔琦：你12岁那年，如果你不外出读书，结果会怎么样？

崔琦回答，如果我不出来，我只能在家种地，不可能有今天的崔琦。他流下了激动的眼泪。

的确，是母亲改变了他的命运。他欠母亲的实在太多了。

成长启迪：

母亲的一个决定，让辍学在家的崔琦又获得一次学习的机会。这个决定是艰难的，却是伟大的。儿子的成功是最好的证明。

再苦也不能苦孩子，再穷也不能穷教育。作为家长，没有条件，也要尽可能创造条件，让孩子读书。这不仅是对孩子负责，也是对这个社会负责。

成龙：
武侠片促使他上山学艺

成龙喜欢看武侠片，他最崇拜曹达华、于素秋那些大明星，一心想上山学艺。成龙对父亲说出自己的心事，父亲当然要满足儿子的愿望，就带他去拜访京剧武生于占元师傅，他正是武侠女星于素秋的父亲，成龙兴奋得满脸通红。从此，他的一生就与武术紧紧联系在一起。

Cheng Long

[没有人能随随便便成功。——成龙]

成龙（1954~），祖籍山东，香港杰出的电影艺术家，他以出色的表演弘扬了中华民族的传统功夫。他还热心公益事业，曾入选“世界十大杰出青年”，以及2003年度“感动中国的人”。

成龙小的时候，父亲在香港法国领事馆当厨师，住在山顶的使馆区，周围的小伙伴多是法国人、美国人。那时候，成龙喜欢看武侠片，他最崇拜曹达华、于素秋那些大明星，一心想上山学艺。

成龙对父亲说出自己的心事，父亲当然要满足儿子的愿望，就带他去拜访京剧武生于占元师傅，他正是武侠女星于素秋的父亲，成龙兴奋得满脸通红。从此，他的一生就与武术紧紧联系在一起。

看到有些学生在练功，弯腰劈叉拿大顶，他恨不得马上跟着师傅练起来。

父亲把他送到于师傅的学校，自己去澳大利亚的美国使馆工作了。开始3天，成龙觉得处处新鲜好玩，到第四天他就后悔了，甚至晚上蒙上被子哭。为什么呢？因为练功太苦了，师傅还是老戏行的规矩，就是苦练。动作做错了，打！动作做得不到家，罚！过了一段时间，父亲回来看他，他也不敢同父亲说。父亲要儿子拜于师傅为干爹，成龙心想，师傅这下可以照顾我了，可以少练点。没想到，师傅觉得应该对他负责，对他管教得更严厉了。

成龙感到很痛苦，一度想放弃，最后才明白了师傅的苦心。正如师傅所说，只有吃得苦中苦，才能成为人上人。成龙咬牙挺了下来，是呀，要想成为曹达华、于素秋那样的大明星，岂是轻轻松松就可以实现的？

学生们每天清早5点钟就起床，晚上12点才入睡。早上是练功时间，站在那里练压腿，头和身子伏在腿上，人却睡着了，几乎所有孩子都这样。吃过早饭，就吊嗓子，然后读书学习。老师在上面讲课，同学在下面打瞌睡。白天上课学习，晚上还要练功，这样的日子未免有些枯燥。

成龙他们这些学生在荔园游乐场，长期表演京剧。虽然人不多，但他们个个都是多面手。像《孙悟空大闹盘丝洞》这出戏，他们一会儿是风情万种的蜘蛛精，一会儿是孙悟空毫毛变的小猴，一会儿又是披盔戴甲的天兵天将，总之够他们忙的。

11年的学校生涯，有苦也有乐，成龙练就了一身的硬功夫和坚忍不拔的毅力。

但最让成龙感到兴奋的是，蛰伏多年之后，自己终于离梦想越来越近了——小时候看武打片，他就渴望着将来成为一代巨星，如今，终于能够出演电影了，实在是值得庆贺。

1978年，成龙拍了成名作《醉拳》，演活了剧中少年黄飞鸿。这部影片把功夫片与喜剧元素相结合，掀起了武术喜剧片的热潮，也造就了成龙这位武打巨星。

正如成龙所说，自己从小就与武侠片结下了不解之缘，这一生注定要与之为伴。

成长启迪：

每个孩子都有一颗好奇的心。好奇的心可以促使孩子对感兴趣的事物去探索去模仿，最终会影响孩子的一生。当年金庸就是因为看了武侠小说，而对武侠小说感兴趣，并最终从事武侠小说的写作。而成龙也是看了武侠片之后才萌发了上山学艺的念头，从而使他的一生与武术结下了不解之缘。

张海迪：

《钢铁是怎样炼成的》炼就了一名中国“保尔”

为了激励女儿自学成才，母亲特意给女儿买了一本书《钢铁是怎样炼成的》。保尔自强不息的故事让她深受鼓舞。在勇敢者精神的感召下，海迪决心做一个生活的强者。最终，张海迪成了中国的“当代保尔”。

Zhang Haidi

[要不虚度自己短暂的一生，就要珍惜青春年华中的每一分钟。——张海迪]

张海迪（1955~），山东济南人，全国政协委员，被誉为“当代保尔”。

张海迪曾经也是一个健康活泼的孩子，成天蹦蹦跳跳唧唧喳喳地跑来跑去。可是天有不测风云，5岁时她突然患上了脊髓血管瘤。病情反复发作，5年中做了三次大手术，最后成了高位截瘫。就这样，原本天真活泼的小姑娘，现在只能整天卧病在床了。

看着小伙伴们高高兴兴地跳皮筋，背着书包上学校，海迪幼小的心灵被痛苦压碎了。她狠狠地捶打着自己失去知觉的双腿，悲伤地哭喊着：“妈妈，我要走路！我要上学！”

为了激励女儿自学成才，母亲特意给女儿买了一本书《钢铁是怎样炼成的》。保尔自强不息的故事让她深受鼓舞。在勇敢者精神的感召下，海迪决心做一个生活的强者。最终，张海迪成了中国的“当代保尔”。

海迪特别爱学习，但病情却是无情的。病痛折磨她时，坚强的海迪忍着没有流泪，疼得实在厉害时，为了分散注意力，她就猛揪自己的辫子，用一种疼痛来代替另外一种疼痛。渐渐地，她揪下来的头发，都能编成一条辫子了。有时候，她实在感到疲倦，就对妈妈说：“这些作业我明天再做行吗？”妈妈却郑重地对她说：“今日事今日毕！”听了妈妈的话，海迪明白，学习是自己的事，绝不能拖拉，就在心里告诉自己说：“我要像在学校里的孩子一样，每天完成作业！”

海迪15岁时，全家搬到莘县，开始了农村生活。刚到那天，一群孩子跑过来问道：“你是城里来的吧？你的腿怎么了？”过了没几天，海迪就同孩子们十分融洽了。他们都愿意推海迪出去散步。天地真大呀，有青山绿水，还有叽叽喳喳的小鸟。有一次，由于推得太快，木轮椅突然翻倒在地，海迪的胳膊摔破了，可她和孩子们一起哈哈大笑。长这么大，海迪还是第一次体验到大自然的欢乐呢！

1983年，张海迪开始走上了文学创作的道路，她怀着对生命的激情和执著，凭着坚强毅力和积累的大量素材，孜孜不倦地写着。她创作和翻译的作品不断问世，圆了海迪的文学梦，也圆了海迪蓬勃生命的梦。

1991年张海迪在做过癌症手术后，继续以不屈的精神与命运抗争，她要像保尔那样永远自强不息。她开始发愤学习哲学专业研究生课程。经过不懈的努力她写出了论文《文化哲学视野里的残疾人问题》。1993年，她在吉林大学哲学系通过了研究生课程考试，并通过了论文答辩，被授予了哲学硕士学位。张海迪以自身的勇气证明了生命的力量，正像她所说的："像所有矢志奋斗的人一样，我把艰苦的探寻本身当做真正的幸福。"她以克服自身障碍的精神为残疾人进入知识的海洋开拓着一条道路。

张海迪多年来还做了大量的社会工作，她以自己的演讲和歌声鼓舞着无数青少年奋发向上。她也经常去福利院、特教学校、残疾人家庭，看望孤寡老人和残疾儿童，给他们送去礼物和温暖。她还积极参加残疾人事业的各项工作和活动，呼吁全社会都来支持残疾人事业，关心帮助残疾人，激励他们自强自立，为残疾人事业的发展做出了突出的贡献。

张海迪曾三次应邀出访过日本、韩国，举办演讲音乐会，她的自强不息的奋斗历程也鼓舞着不同民族的人民。1995年，她曾作为中国政府代表团成员参加了第四次世界妇女大会。1997年她被日本NHK电视台评为世界五大杰出残疾人。

至今，张海迪已出版的作品有：长篇小说《轮椅上的梦》、《绝顶》；散文集《闪光的生活道路》、《鸿雁快快飞》、《向天空敞开的窗口》、《生命的追问》；翻译作品《海边诊所》、《丽贝卡在新学校》、《小米勒旅行记》、《莫多克——一头大象的真实故事》等。她的作品在社会上在青少年中引起很强的反响。

当年，《钢铁是怎样炼成的》中的保尔是她崇拜的偶像，而现在，她成了当之无愧的中国"当代保尔"。

成长启迪：

文学的力量是巨大的。《钢铁是怎样炼成的》让瘫痪双腿的张海迪从此振作起来，并且以顽强的毅力走上了自强不息的成功之路。

作为孩子的家长或老师，有必要加强自身的文学素养，有针对性地为孩子推荐一些优秀的文学读物，不管孩子将来是否从事文学创作，这种做法都很有必要。

李远哲：
《居里夫人传》让他感慨万千

中学时代的李远哲阅读了大量的课外书籍，他几乎每天看一本书。一天，他读了《居里夫人传》后，感慨地说道："我第一次感到当科学家不仅能从事很有意义的科学研究工作，而且可以享有非常美好的人生。"李远哲下定决心要像居里夫人那样，把一生都献给科学。

Li Yuanzhe

[每做一件事情都要比别人多做5%。这样连续做100件事情后，就会远远超过别人。——李远哲]

李远哲（1956~），生于台湾新竹，著名化学家。1986年获得诺贝尔化学奖。

李远哲的父亲是一位画家。童年时代的李远哲非常活跃爱玩，孩子们的游戏和成人的体育项目他都玩得很好，尤其是棒球、网球、乒乓球等对抗性较强的项目，更是他的拿手好戏。

读初中时，李远哲表现得头脑灵活，思路开阔，敢于独立思考。他经常在课堂上发表与老师不同的观点，弄得老师下不来台。每当这时，教室里就会乱上一阵，他也会有几分得意。一次考试，几何老师出了5道题，李远哲全用与老师不同的方法去做，答案虽然对了，但老师给他的卷子判了零分。李远哲不服气，据理力争，这个老师决定让李远哲给全班同学讲解。李远哲在黑板上讲了他的解法，得到全班同学的赞赏。最后，老师还是给了他100分，因为老师也非常喜欢这个敢于提出不同见解的学生。

中学时代的李远哲阅读了大量的课外书籍，他几乎每天看一本书。一天，他读了《居里夫人传》后，感慨地说道："我第一次感到当科学家不仅能从事很有意义的科学研究工作，而且可以享有非常美好的人生。"李远哲下定决心要像居里夫人那样，把一生都献给科学。

高中毕业后，学习优秀的李远哲被保送到台湾大学化学系。毕业后，李远哲到新竹清华大学读研究生。研究生毕业后，他留学美国伯克利加州大学，1965年获化学博士学位。然后到哈佛大学化学系随赫希巴奇教授从事分子反应动力学的研究。他下定决心像居里夫人一样，全身心投入科学研究事业。在这期间，李远哲自己设计，自己动手，每天工作十五六个小时，硬是研制了一台交叉分子束实验装置。他的导师赫希巴奇看后感叹地说："这么复杂的装置，大概只有中国人才能做出来。"他称赞李远哲是"化学中的莫扎特"。他说他把李远哲比作乐圣莫扎特，不仅因为李远哲是一位早熟的天才，而且因为李远哲也有同样聪敏的头脑和灵巧的手，能同莫扎特一样"准确"地表达内心的伟大创意。

李远哲主要从事化学动态学的研究，在化学动力学、动态学、分子束及光化学方面贡献卓著。分子束方法是一门新技术，1960年才开始试验成功。交叉分子束方法起初只适用于碱金属的反应，后来由李远哲在

成长启迪：

一本书可以改变一个人的世界。正是在居里夫人事迹的激励下，李远哲决心把一切献给科学。他的成功告诉人们，干任何事都需要一种精神力量来支撑。作为家长和老师，有必要让孩子从小树立远大理想，而这些理想不是空洞的，而要从榜样的身上获得。因为每一个名人都曾是一个孩子。用名人的事迹来激励孩子，远胜于一切教育。

1967年同赫希巴奇（D.RHerschbach）教授共同研究创造，把它发展为一种研究化学反应的通用的有力工具。此后十多年中，又经李远哲将这项技术不断加以改进创新，用于研究较大分子的重要反应。他所设计的“分子束碰撞器”和“离子束碰撞器”，已能深入了解各种化学反应的每一个阶段过程，为人工控制化学反应的方向和过程提供了新的前景。

李远哲曾获得美国化学学会的哈里逊豪奖、彼得·德拜物理化学奖、美源都的劳伦斯奖、美国国家科学奖、英国皇家化学法拉第奖和1986年诺贝尔化学奖等。此外，李远哲获得各国学术团体、大学授予之荣誉博士、荣誉教授、荣誉讲座、杰出校友等荣誉名衔数十项。

李远哲终于像居里夫人一样成为了世界著名的科学家。

李宁：爸爸送他到学校体操队

有一天，上一年级的李宁发现课外体操小组在进行室内训练。李宁缠着体育老师也想加入训练。“你太小，才一年级，我们只要高年级学生。等过几年再说吧！”体育老师回答。小李宁没办法，只好搬来爸爸跟体育老师说情，这才如愿以偿进了学校体操队。从此，他便一步步走向体操的成功之路。

Li Ning

[一切皆有可能！——李宁]

李宁（1963~），广西人，20世纪杰出的体操运动员，李宁体育用品有限公司董事长。1999年，他被世界体育记者协会评为“20世纪世界最佳运动员”。

李宁作为优秀的体操运动员，他的名字可谓如雷贯耳，可是他小时候最喜欢的却是唱歌。他的父亲是位音乐老师，李宁继承了父亲的好嗓子，别人唱歌他听几遍就会了。那时候，学校为普及“样板戏”，刚上一年级的李宁竟当上了小老师，每个班轮流教唱。那时候他的理想是当个歌唱家。

到了六七岁时，李宁的爱好变了，他喜欢到建筑工地的沙堆上翻跟头、竖倒立。他的倒立姿势是所有伙伴中最标准的，他十分得意。晚上回家时，妈妈总能从他的口袋鞋袜里倒出许多亮晶晶的沙粒。

有一天，上一年级的李宁发现课外体操小组在进行室内训练。看着看着，他的心理不平衡了：“不就是拿大顶、翻跟斗嘛，我也会！”他想，“在这里玩可比在沙堆里好多了，妈妈再不会说我是小沙猴了。”“老师，你让我参加体操队吧！”李宁缠着体育老师。“你太小，才一年级，我们只要高年级学生。等过几年再说吧！”体育老师回答。小李宁只好搬来爸爸跟体育老师说情，这才如愿以偿进了学校体操队。

起初，李宁的爸爸也没当回事，他认为孩子喜欢做的事大人应该支持，并没想到儿子会在这方面大有出息，正是这无意中的神来之笔，为祖国输送了一个杰出的体操人才，造就了李宁在体操上的成功。

李宁迷上体操之后整天精神头儿十足，每天一回家就把活动床板取下来练翻腾，一会儿又把床架竖起来练压腿，忙得不亦乐乎，妈妈催上好几遍才肯吃饭。就是上课前的时间，他也不忘练上一会儿。

李宁8岁就进了广西体操集训队。教练对李宁的爱是用加倍的严厉来表达的。常常是别人下了训练课，小李宁还在体操房里补课。别人练两遍，他至少练三遍。严格的训练，使“小不点儿”进步很快。

10岁的李宁第一次参加了全国少年体操分区比赛，就获得自由体操的冠军，他的前途一片光明。可是命运跟李宁开了个残酷的玩笑。在一次双杠训练中，他的右臂骨折了，接着左臂也受了伤，伤病的折腾整整耗去了李宁3年的宝贵时间。许多人为李宁担心，他还能再冒尖吗？

李宁没有被伤痛压倒，他依然刻苦勤奋地训练。在第六届世界杯体操赛上，李宁一人独得男子全部7枚金牌中的6枚，创造了世界体操史上的神话，被誉为“体操王子”。在23届洛杉矶奥运会上，李宁获6枚奖牌，成为这届奥运会上获奖牌最多的运动员。

面对众多的记者采访，李宁不无感慨地说，想当年，多亏了父亲将他送去学体操，否则，就不可能有今天的李宁。

成长启迪：

聪明的父母都会尊重孩子的个性，尊重孩子的兴趣，因为这样做对孩子的成长成才十分有益。李宁的父亲并不因为自己是音乐老师而让孩子选择音乐这条道路，而是充分满足孩子对体操的兴趣。这种做法很值得家长朋友借鉴。

杨利伟：第一次看飞机让他激动不已

利伟上幼儿园的时候，曾经参加《勇敢的小空军》的舞蹈，到机场去慰问演出。那是小利伟第一次看到飞机，马上激起了他的好奇心，这个银色的大鸟可以上天啊，我以后也要上天。上天的愿望一直伴随着他，并决定了他一生的人生走向。

Yang Liwei

[机会总偏向有准备的头脑。——杨利伟]

杨利伟（1965~ ），辽宁绥中人，中国首位飞上太空的宇航员。中共中央、国务院、中央军委授予他“航天英雄”荣誉称号和“航天功勋章”。

杨利伟的家乡在辽宁，到了冬天，哪里有冰场，哪里就有孩子们的笑声。小伙伴们一只脚上绑着冰刀板，另一只脚猛蹬，在冰面上滑行，相互追逐着。小利伟身手矫健，很少当别人的俘虏，可是要抓住俘虏也不容易，这让他很不甘心。渐渐地，他发现，问题出现在冰刀上，于是他决定亲自做一个好冰刀。

用什么做冰刀呢？铁丝太粗，铁片太软，对了，钢锯条最好了，笔直又坚硬，刃也薄。他跑到工厂，要了几根作废的旧钢锯条，打磨得锃亮，回家嵌进冰板中，抱着跑到冰场。一试，真是太棒了，滑行起来又快又稳。这下那些小伙伴们可跑不了了，尽管他们尖叫着在前面狂奔，可有不少都当了小利伟的俘虏。

利伟上学时肯学习，很有韧性，小时候深得爸妈的喜欢，邻居们也常常夸他。初三时的一天放学回家，杨利伟手里拿着几张卷子，一声不吭地径直进了自己的小屋。姐姐见了，觉得他不对劲，便追进屋里问其原因。原来杨利伟数学考试一道几何难题没做出来，丢了12分，心里很不好受。姐姐劝他：“不就一道题嘛，下次认真就行了，先吃饭吧。”杨利伟却说：“这次难题没做出来，下次再有难题咋办呢？”说完，饭也不吃，就伏在桌上埋头演算起来。1个多小时后，杨利伟终于把这道几何题解了出来，仿佛打了一场胜仗，脸上一扫刚才的愁容，露出了笑意。杨利伟在纸上写下一句话：“攻克难题是我最大的快乐。”

在杨利伟的家乡，有一个专门负责训练飞行员的机场。不过，这个机场离他的家较远，后来利伟上幼儿园的时候，参加《勇敢的小空军》的舞蹈，到机场去慰问演出才实实在在地看了一回飞机。这一看，马上激起了他的好奇心，这个银色的大鸟可以上天啊，我以后也要上天。从此，上天的愿望一直伴随着小利伟，每当天上有飞机掠过，他都会目不转睛地盯上半天。

几年后，班上新转来一位同学叫顾大伟，他的父亲就在机场工作，两个聪明又淘气的孩子马上成了好朋友。从此，小利伟经常和同伴跑到机场，看那些飞行员是怎样训练的。很快，飞行员的各种训练动作，小利伟几乎都会做了。他心里数过，那些飞行员可以在单杠上做30多个引体

成长启迪：

一个人的一生中会经历无数个第一次。而童年时的各种第一次对一个人来说实在是太重要了。杨利伟第一次看飞机的经历影响了他的一生。

向上，于是他在学校里练，回到家里，就扳住家里的门框练。可是有件事让他困惑了许多天，他们为什么练摔跤呢？这有什么用，是不是闹着玩？一个飞行员叔叔告诉他，这是为了磨炼意志。

“噢，磨炼意志。”小利伟又有了新的训练方向。结果，小利伟输多赢少，有时衣服也撕破了。这点儿小事小利伟根本就不怕，他悄悄地用块胶布把撕开的口子在里面粘好，别说，不仔细瞧，还真看不出来。

杨利伟曾对朋友坚决地说道：“我将来长大了一定要当一名军人，保卫祖国，要让我们的国家强大起来。”

几年后，杨利伟不但实现了儿时的军人梦，而且真的实现了自己儿时的梦想。

杨利伟1987年从第八飞行学院毕业后，历任空军航空兵某师飞行员、中队长，曾飞过歼击机、强击机等机型，安全飞行1350小时，被评为一级飞行员，1996年起参加航天员选拔，1998年1月正式成为我国首批航天员。经过5年多的训练，他完成了基础理论、航天环境适应性、专业技术等8大类几十个科目的训练任务，以优异的成绩通过航天员专业技术综合考核，光荣地被选拔为我国首次载人航天飞行首飞梯队成员。

2003年10月15日，这是一个让所有中国人为之振奋的日子。上午9时，我国自行研制的“神舟”五号载人飞船在酒泉卫星发射中心发射成功，并准确进入预定轨道。中国首位航天员被顺利送上太空后，杨利伟成为了让全国人民为之骄傲和自豪的叩访太空的第一个中国人，为祖国赢得了巨大的荣誉，实现了中国人的千年梦想。

邓亚萍：父亲带她看打球

邓亚萍两岁多就开始坐在父亲的自行车后座上，去工人俱乐部看父亲打球。5岁时，流星飞舞的小白球成了她的梦想，她对父亲说："我也想打球！我要当世界冠军。"从此，她便与乒乓球结下了不解之缘。

Deng Yaping

[最主要的是树立自信心和有明确的学习目标。——邓亚萍]

邓亚萍（1973~ ），河南郑州人，乒乓球历史上最伟大的女子选手，在乒坛世界排名连续8年保持第一，她曾多次代表国家获得过世界冠军。

邓亚萍的父亲邓大松在河南省乒乓球队当教练，邓亚萍两岁多就开始坐在父亲的自行车后座上，去工人俱乐部看父亲打球。5岁时，流星飞舞的小白球成了她的梦想，她对父亲说："我也想打球！我要当世界冠军。"从此，她便与乒乓球结下了不解之缘。

她的个子太小了，站在球台前只露出个小脑袋和两只圆溜溜的眼睛，父亲便在她脚下垫上砖块。回到家里，父亲在房梁上悬着拴线的乒乓球，让女儿继续练习推挡。

经过几年的刻苦训练，邓亚萍被选送到郑州市乒乓球女队。刚开始，她年纪最小，技术最差。队内每次比赛，她都当"尾巴"。为此，她不知流了多少泪，但她从不气馁。早晨出操跑步，由于人小腿短，尽管使尽了力气，还是达不到规定的速度。为此，她每天坚持比别人多跑许多圈，渐渐地，她越跑越快。她并不满足，又把沙袋绑在腿上继续跑，终于练出了"飞毛腿"。

集训队的生活太枯燥了，小队员们经常去附近一家旱冰场玩，父亲不允许亚萍去，怕她受伤影响训练。有一天亚萍忍不住好奇心，和几个小队员偷偷跑去溜旱冰。父亲找到了旱冰场，在领她回队的路上，越说越生气，照她的屁股踢了一脚，这是好脾气的父亲惟一一次打亚萍。

邓亚萍13岁夺得全国冠军，14岁进国家青年队，15岁获世界冠军。邓亚萍的成功是因为拥有雄厚的技术实力。她夺取的每一只奖杯都盛满了平日苦练的汗水和心血。平时，她每天要比别人多练两三个小时，封闭训练时晚上规定练到9点，她练到11点多。算起来，她每年要比别人多练一个多月。练全台单面攻，她腿绑沙袋，面对两位男陪练左奔右突，一打就是两小时。多球训练时，教练将球连珠炮般打来，她瞪大眼睛，一丝不苟地接球，一口气打1000多个，一天要打10000多个。

她身体的许多部位都有伤病。为对付腰肌劳损，不得不系上宽宽的护腰；踝关节几乎长满了骨刺，平时忍着，痛得太厉害了就打一针封闭；每场比赛，她都要咬紧牙关战胜自我。她用辛勤的汗水换来壮丽的辉煌。

今天的邓亚萍已经退役，但她并没有离开心爱的体育事业，在世界乒坛，她是丰碑一样的人物；在国际奥委会，她是为数不多的发展中国家委员。对于她来说，父亲当年为她选择的道路是无比正确的。

成长启迪：

邓亚萍虽说出生于乒乓世家，有着得天独厚的成才条件，但是，如果他的父亲不带她看球，她的运动潜能也不可能很快被激发出来，她很可能从此与乒乓球无缘。对于孩子的教育，如果家长光有条件而不去有意培养，那么孩子的兴趣也很可能被埋没。

后 记

2005年的一个夏日，中国青年出版社青春分社社长兼总编辑冈宁老师跟我谈起了这个选题。他最初的灵感仍然来自那个“分苹果”的故事。之所以用“仍然”两字，是因为不久前他策划的两本畅销书《毁了孩子一生的一件小事》和《改变孩子一生的一件小事》，其最初的灵感都是来自“分苹果”的故事。我为这个选题怦然心动，更为他的敏锐与智慧而由衷折服。

我阅读了大量的名人传记，参阅了许多的名人资料，对名人的成长有了一种更深的认识。我发现名人与普通人之间并没有什么绝对的距离。因为每一个名人曾经都是一个孩子，每一个孩子日后都可能成为一个名人。普通人与名人在成长过程中，都会经历影响人生的一件小事。那么，名人与我们之间到底有怎样不同的成长经历呢？是什么样的一件小事能让一个孩子日后成了名人的？这正是本书所要告诉读者的。

这本书的写作没有先前想像的那么顺利，幸好冈老师的适时点拨，使得本书“柳暗花明又一村”。所以我要感谢冈宁老师，如果没有他的精心策划与悉心指导，就不会有这本书的问世。我希望这本书能够给大家带来惊喜，给我带来好运。

江 风

2005 年 12 月于北京

(京)新登字 083 号

图书在版编目(CIP)数据

影响名人一生的一件小事.中国卷/江风编著.
—北京:中国青年出版社,2006
ISBN 7-5006-6775-2
Ⅰ.影… Ⅱ.江… Ⅲ.家庭教育-通俗读物 Ⅳ.G78-49
中国版本图书馆 CIP 数据核字(2005)第 132316 号

责任编辑>冈 宁
装帧设计>瞿中华[q_z_h_@sina.com]

中国青年出版社 出版发行
社址:北京东四 12 条 21 号
邮政编码:100708
编辑部电话:010-84015594
营销中心电话:010-64065904
三河市君旺印装厂印刷
新华书店经销

600×930 1/16 15.5 印张 2 插页 160 千字
2006 年 3 月北京第 1 版
2006 年 3 月河北第 1 次印刷
印数:1-10000 册
定价:22.00 元

本书如有任何印装质量问题,请与印务中心质检部联系调换
联系电话:010-84047104